课程思政理念下
高校英语教学质量提升路径研究

赵 璐◎著

武汉理工大学出版社
·武汉·

图书在版编目（CIP）数据

课程思政理念下高校英语教学质量提升路径研究 / 赵璐著. -- 武汉：武汉理工大学出版社，2024.8.
ISBN 978-7-5629-7199-3

Ⅰ.H319.3

中国国家版本馆 CIP 数据核字第 2024VR7435 号

责任编辑：尹珊珊
责任校对：严 曾　　排　版：任盼盼
出版发行：武汉理工大学出版社
社　　址：武汉市洪山区珞狮路 122 号
邮　　编：430070
网　　址：http://www.wutp.com.cn
经　　销：各地新华书店
印　　刷：北京亚吉飞数码科技有限公司
开　　本：710×1000　1/16
印　　张：12.75
字　　数：202 千字
版　　次：2025 年 3 月第 1 版
印　　次：2025 年 3 月第 1 次印刷
定　　价：86.00 元

凡购本书，如有缺页、倒页、脱页等印装质量问题，请向出版社发行部调换。
本社购书热线电话：027-87391631　87664138　87523148
·版权所有，盗版必究·

前　言

随着全球化进程的加快,英语作为国际交流的主要语言,其重要性日益凸显。然而,单纯的语言学习已经不能满足现代社会对人才的需求。为了培养具有全面素质和国际视野的人才,课程思政理念应运而生,强调在英语教学中融入思想政治教育元素,旨在提高学生的英语水平的同时,培养他们的社会责任感和综合素质。

课程思政理念的核心在于将思想政治教育与英语教学相结合,让学生在掌握语言技能的同时深入理解社会主义核心价值观。这种理念不仅有助于提高学生的英语水平,更能够帮助他们在跨文化交流中坚守文化自信,传播中华优秀传统文化。在英语教学中,可以通过多种方式融入思想政治教育元素。例如,在教授英美文学时,可以引导学生分析作品的社会背景和背后的价值观,让他们认识到不同文化之间的差异和共同点,从而培养他们的文化包容性和跨文化交际能力。此外,还可以结合时事热点,组织学生进行英语演讲、辩论等活动,让他们在表达自己的观点的同时增强社会责任感和公民意识。

课程思政理念的实施不仅能够提高学生的英语水平,还能够为他们的未来发展奠定坚实的思政素质基础。在全球化背景下,对具有国际视野和跨文化交际能力的优秀人才的需求越来越大。通过在教学中融入课程思政理念,学生将能够更好地适应国际环境,成为具有国际竞争力的优秀人才。基于此,作者特策划并撰写了《课程思政理念下高校英语教学质量提升路径研究》一书。

为了深入研究课程思政理念下高校英语教学质量提升的路径,本书从以下几个方面展开探讨:首先,对课程思政理念、高校英语教学理论展开分析,为下文的展开做好铺垫;其次,探讨课程思政理念在英语教学中的具体应用和实践,包括教学理念、教学模式、教学内容、教师发展方面的改革与创新；最后，展望课程思政理念下高校英语教学的未来，为今后的教学改革提供有益的参考和借鉴。

　　本书旨在通过深入研究和探讨课程思政理念下高校英语教学质量提升的路径，为高校英语教学改革提供理论支持和实践指导，推动英语教学与思想政治教育的有机融合，培养更多具有国际视野和社会责任感的优秀人才，为我国的对外交流和国际合作作出积极贡献。

　　在本书的撰写过程中，众多专家学者的精心指导与无私支持为笔者提供了巨大的帮助，在此，向他们表达最诚挚的感谢。然而，鉴于内容繁多且篇幅有限，加之笔者自身的知识视野限制，尽管笔者主观上已尽最大努力，但书中仍可能存在一些疏漏之处。因此，笔者期待并欢迎各位读者提出宝贵的意见和建议，以帮助自己不断完善和进步。

辽宁对外经贸学院　赵璐
2024 年 3 月

目 录

第一章　课程思政理念解读 …………………………………………… 1
　　第一节　课程思政理念的内涵与外延 ………………………… 2
　　第二节　课程思政理念在高校教育中的核心作用 …………… 5
　　第三节　课程思政理念在英语教学中的特殊意义 …………… 9

第二章　高校英语教学的理论阐释与发展回顾 ……………………… 12
　　第一节　高校英语教学的内涵 ………………………………… 13
　　第二节　高校英语教学的基本原则与内容 …………………… 19
　　第三节　高校英语教学的理论依据 …………………………… 23
　　第四节　高校英语教学的发展历程回顾 ……………………… 47

第三章　课程思政理念下高校英语教学质量提升的
　　　　　必要性与紧迫性 ……………………………………………… 52
　　第一节　提升英语教学质量对培养新时代人才的重要性 …… 53
　　第二节　课程思政理念与英语教学质量提升的内在联系 …… 55
　　第三节　当前形势下提升英语教学质量的紧迫性 …………… 58

第四章　课程思政理念下高校英语教学质量提升的理念 …………… 61
　　第一节　坚持以学生为中心的教学理念 ……………………… 62
　　第二节　注意学生差异,实施分层教学 ……………………… 64
　　第三节　做学一体,实行项目式教学 ………………………… 70
　　第四节　引导学生进行自主学习与体验式学习 ……………… 78
　　第五节　应用数字化资源,构建智慧课堂 …………………… 83

第五章 课程思政理念下高校英语教学质量提升的模式 …… 95
第一节 多模态教学模式 …… 96
第二节 翻转课堂教学模式 …… 101
第三节 慕课与微课教学模式 …… 108
第四节 混合式教学模式 …… 114

第六章 课程思政理念向高校英语教学融入的内容 …… 124
第一节 高校英语基础知识教学中课程思政元素的融入 …… 125
第二节 高校英语基本技能教学中课程思政元素的融入 …… 128
第三节 高校英语跨文化交际教学中课程思政元素的融入 …… 137

第七章 课程思政理念下高校英语教师的专业发展 …… 144
第一节 英语教师在课程思政理念下的角色定位 …… 145
第二节 英语教师思政素养的提升与专业成长 …… 150
第三节 英语教师团队建设与教学质量保障 …… 161

第八章 课程思政理念下高校英语教学的展望 …… 168
第一节 高校英语教学的发展趋势预测 …… 169
第二节 课程思政理念在高校英语教学中的深化拓展 …… 171
第三节 推动高校英语教学不断创新与发展的技术应用 …… 176

参考文献 …… 189

第一章　　课程思政理念解读

课程思政理念是一种全新的教育理念，它将思想政治教育有机地融入各类课程中，使学生在接受专业知识教育的同时，也能够接收到正确的价值引领和道德熏陶。这种理念的提出旨在培养既有专业知识，又有高尚品德的全面发展的人才。在高校英语教学中自然需要融入这一理念。

第一节　课程思政理念的内涵与外延

课程思政理念的内涵与外延分析是一个涉及教育理念和教育实践的重要话题。内涵上，课程思政理念强调在课程教学中融入思想政治教育元素，实现知识与价值、能力与素质、教学与育人的有机结合。它要求教师在传授知识的同时注重引导学生树立正确的世界观、人生观和价值观，培养学生的社会责任感和历史使命感。这种理念体现了教育的全面性和人文性，旨在培养既有专业知识，又有高尚品德的全面发展的人才。外延上，课程思政理念的应用范围广泛，涵盖了各个学科领域和不同层次的教育。无论是在基础教育阶段还是在高等教育阶段，都可以看到课程思政理念的身影。在基础教育阶段，教师可以通过向语文教学中的经典文章、历史教学中的历史事件渗透思政元素等方式，引导学生形成正确的价值观。在高等教育阶段，课程思政理念则更加注重学生的自主性和创新性，通过专业课程的学习，培养学生的批判性思维和社会责任感。当前环境中，课程思政理念面临着一些挑战和困难。一方面，如何将思政元素有机地融入课程教学中，避免生硬和牵强附会，是一个需要不断以探索和实践来解决的问题。另一方面，如何根据学生的年龄、学科背景等特点因材施教，也是课程思政理念实施过程中需要关注的重要问题。总之，课程思政理念是一种具有深远意义的教育理念，它强调教育的人文性和全面性，旨在培养既有专业知识又有高尚品德的全面发展的人才。本节具体分析课程思政理念的内涵与外延。

一、"课程思政"基本概念

"课程思政"并非简单的"课程"＋"思政"，而是在这两者基础上的一种更广泛、深刻的教育理念。高德毅认为，"课程思政"的实质是将高校思想政治教育融入课程的各个方面，而非仅仅增设一门课程或组织一

第一章
课程思政理念解读

项活动。其他学者也指出,"课程思政"的建设需要发挥教师的主体力量,在传授知识的过程中帮助学生将所学转化为内在的德行和驱动力。综合这些观点可以认为,"课程思政"是一种教育理念,它以教师为主体,通过课程的有效引导,使学生在提升知识和能力的同时受到政治熏陶、道德浸润和思维启迪,将学生培养成为具有家国情怀、道德品质、文化素养的德才兼备、全面发展的社会主义事业接班人。

二、"课程思政"的鲜明特性

"课程思政"的鲜明特性在于其深度融合了思想政治教育与各学科的教学内容,实现了知识传授与价值引领的有机结合。它不仅仅是传统思政课程的简单延伸,更是一种教育理念的创新和教学方法的革新。

(一)渗透性

在当今的高等教育体系中,"课程思政"的建设已经成为一项重要任务。这一任务不仅强调专门的思想政治理论课的重要性,还鼓励在专业课程的教学中巧妙地融入思想政治教育元素。这种深度渗透的方式,旨在引导学生对专业知识进行深度理解和应用,同时领悟到其中蕴含的育人道理。这种育人方式具有深远的意义,因为它不仅关乎知识的传承,更关乎人的全面发展和价值追求。

从人的角度来看,"课程思政"要求全体教职工提升思想意识,明确每门课程都具备育人功能,所有教师都肩负着育人职责。校级党委工作人员对"课程思政"的推进和效果承担主体责任,以确保这一理念在学校各个层面得到贯彻。这种全员参与、全面育人的理念使思想政治教育成为学校教育的重要组成部分,为培养德、智、体、美、劳全面发展的社会主义建设者和接班人提供了有力保障。

从探索思想政治教育元素的角度来看,高校各类专业课程都蕴含着深刻丰富的思想政治教育资源,需要学生在学习过程中用心去发现,去感悟。例如,在理工科课程中,学生可以通过实验、观察等方式,培养科学精神、探索精神和团队合作精神;在文科课程中,学生可以通过阅读、思考等方式,培养人文素养、批判性思维和社会责任感。这种透过现象看本质的学习方式不仅能够加深学生对知识的理解,更能让他们感受到德育的力量与价值，实现内化于心、外化于行的目标。

（二）潜隐性

"课程思政"是一种具有潜隐性的教育教学方式，它与传统的思想政治教育理论课程有着显著的区别。传统的思想政治教育理论课程通常采用直接传授知识的方式，将德育、思政内容明确地传授给学生。而"课程思政"则是以潜在的、隐性的形式，将德育思政内容融入各类课程中，使学生在学习专业知识的同时潜移默化地受到思想政治教育的影响。

"课程思政"教育要求任课教师不仅要关注知识的传授，更要注重学生的价值观引导。因此，任课教师需要在传授学科知识的同时注重培养学生的思想道德素质，引导他们关注社会、关注国家、关注人民，增强他们的社会责任感和使命感。

"课程思政"教育还需要拓展社会主义核心价值观形塑和意识形态教育的实施场域。将理想信念教育根植于其他各类课程当中，可以使学生更加深入地了解社会主义核心价值观的内涵和意义，增强他们的文化自信和民族自豪感。同时，这种教育方式还可以引起学生的情感共鸣，使思想政治教育内容内化于心，加强其理想信念，外化于行，促其投身社会主义事业的伟大建设。

随着社会的快速发展和时代的变迁，新时代高校的育人形式和育人内容面临着前所未有的挑战。传统的显性知识传授模式已经无法满足现代教育的需求，因此，必须打破传统课堂教学的壁垒进行创新育人。这不仅是必要的，而且是紧迫的。

（三）引领性

高校"课程思政"的核心特性是价值引领。在青年时期，价值观教育对于青年本身以及国家和社会都具有重要意义。对青年学生进行正确的价值引领，可以帮助他们树立正确的世界观、人生观和价值观，培养具有高尚道德品质和坚定理想信念的新一代青年。这不仅有利于青年个人的全面发展，也有利于国家和社会的和谐稳定与长远发展。

第一章
课程思政理念解读

第二节 课程思政理念在高校教育中的核心作用

课程思政理念在高校教育中发挥着核心作用,它有助于培养大学生的社会主义核心价值观,提升大学生的综合素质,实现高校教育的育人目标,以及推动高校教育的改革和创新。因此,高校应该深入贯彻落实课程思政理念,将其贯穿于教育教学的全过程,为培养德、智、体、美、劳全面发展的社会主义建设者和接班人作出积极贡献。

一、课程思政理念有助于培养大学生的社会主义核心价值观

在现代高等教育中,课程思政理念日益受到重视。它不仅仅是一种教育理念,更是一种培养学生全面发展的重要途径。课程思政理念的核心在于将思想政治教育有机地融入各类课程中,使学生在学习专业知识的同时接受社会主义核心价值观的熏陶和引导,培养出具有坚定理想信念、高尚道德情操和强烈社会责任感的新时代大学生。

首先,课程思政理念有助于培养大学生的世界观。在各类专业课程中融入对社会主义核心价值观的讲解和讨论,学生便能够更加深入地理解马克思主义的世界观和方法论,学会用辩证唯物主义和历史唯物主义的观点来观察和分析世界。这不仅能够拓宽学生的知识视野,还能够帮助学生树立正确的世界观,增强对国家和民族发展的信心。

其次,课程思政理念对于塑造大学生的人生观具有重要意义。在大学阶段,学生正处于人生观形成的关键时期。将思想政治教育与专业课程相结合,可以引导学生深入思考人生的意义和价值,明确自己的人生目标和追求。同时,通过学习社会主义核心价值观,学生能够更加深刻地理解个人与社会、个人与集体之间的关系,增强集体荣誉感和个人责任感。

最后,课程思政理念对于培养大学生的价值观具有不可替代的作

用。在现代社会中,价值观多元化、利益多元化成为一种趋势。面对这种情况,高校教育必须承担起引导学生树立正确的价值观的责任。通过课程思政理念的实践,学生能够在学习专业知识的同时接受到社会主义核心价值观的熏陶和引导,明确正确的价值取向和行为准则。这对于培养学生的道德品质、增强社会责任感、促进个人全面发展具有重要意义。因此,课程思政理念在培养大学生社会主义核心价值观中具有重要的作用。它不仅能够拓宽学生的知识视野,帮助学生树立正确的世界观和人生观,还能够引导学生树立正确的价值观,增强社会责任感。因此,高校应该深入贯彻课程思政理念,将其融入各类课程中,为培养具有坚定理想信念、高尚道德情操和强烈社会责任感的新时代大学生贡献力量。同时,高校还应该不断创新思想政治教育的方式方法,提高教育的针对性和实效度,确保课程思政理念在实践中得到有效落实。

二、课程思政理念有助于提升大学生的综合素质

在当今社会,大学生的综合素质已成为衡量其竞争力和未来发展水平的重要指标。课程思政理念作为一种注重思想政治教育与专业知识相结合的教育模式,正日益受到人们的关注和认可。下面将从多个方面探讨课程思政理念如何有助于提升大学生的综合素质。

首先,课程思政理念强调批判性思维的培养。在传统的教学模式下,学生往往只是被动地接受知识,缺乏独立思考和批判性思维的能力。课程思政理念注重引导学生主动思考,学会从多个角度审视问题,培养他们的批判性思维。这种思维方式不仅有助于学生在专业领域内作出更加明智的决策,也有助于他们在未来社会生活和职业发展中更好地应对各种挑战和变化。

其次,课程思政理念注重创新能力的培养。在快速发展的现代社会,创新能力已成为个人和组织成功的关键因素。课程思政理念通过引入多元化的教学方法和手段,鼓励学生勇于尝试、敢于创新,激发他们的创造潜能。这种创新能力的培养不仅有助于学生在专业领域内取得更好的成绩,也有助于他们在未来的社会生活和职业发展中更好地适应和引领变革。

最后,课程思政理念还强调团队协作能力的培养。在团队合作日益成为主流工作模式的今天,团队协作能力已成为衡量个人综合素质的重要标准。课程思政理念通过组织各种团队活动和实践项目,让学生在实践中学会如何与他人协作、沟通,培养他们的团队协作精神和能力。这种能力的培养不仅有助于学生在专业领域内更好地完成团队任务,也有助于他们在未来的社会生活和职业发展中更好地融入团队、发挥个人价值。

总之,课程思政理念对于提升大学生的综合素质具有重要意义。通过培养学生的批判性思维、创新能力和团队协作能力等多方面的综合素质,课程思政理念不仅有助于学生的专业发展,也有助于他们未来的社会生活质量提升和职业发展。因此,应积极推动课程思政理念的实施,为培养更多具有全面素质的优秀人才作出贡献。同时,也应该不断探索和创新课程思政理念的教学方法和手段,以更好地适应时代的发展和满足学生的需求。

三、课程思政理念有助于实现高校的育人目标

高校作为培养社会主义建设者和接班人的摇篮,肩负着培养德、智、体、美、劳全面发展的人才的重任。在这一过程中,课程思政理念发挥着举足轻重的作用,它强调将德育放在首位,通过各类课程的思政教育,实现德育、智育、体育、美育、劳动教育的有机结合,从而全面提高学生的综合素质和能力。

首先,课程思政理念强调德育的优先地位。德育是高等教育的核心,它关乎学生的世界观、人生观和价值观的形成。在课程思政的指导下,教师将德育贯穿于教学的全过程,通过挖掘各门课程中的思政元素,使学生在学习知识的同时形成正确的道德观念和价值判断。这不仅有助于培养学生的道德品质,也为他们今后的成长和发展奠定了坚实的基础。

其次,课程思政理念倡导德育、智育、体育、美育、劳动教育的有机结合。这五种教育形式各具特色,但它们之间又相互联系、相互促进。德育为其他四种教育提供价值引领。智育则通过知识的传授和能力的培养,为德育提供有力支撑。体育通过锻炼学生的身体,提高他们的身体素质,为德育和智育的实施提供必要的保障。美育通过培养学生的审美能力和创造力,丰富德育的内涵。劳动教育则通过让学生参与实践活动,培养他们的劳动精神和实践能力,使德育更加贴近现实生活。

为了更好地实施课程思政理念,高校需要采取一系列措施。首先,要加强师资队伍建设,培养一批既懂专业知识又擅长思政教育的优秀教师。其次,要优化课程设置,将思政教育融入各类课程中,使德育与其他教育形式有机结合。最后,还要加强教学实践,通过开展各种形式的实践活动,让学生在实践中体验和感悟思政教育的魅力。

总之,高校应当深入贯彻落实课程思政理念,不断优化教育教学模式,培养更多德才兼备的社会主义建设者和接班人。同时,也要认识到课程思政理念的实施是一个长期而复杂的过程,需要教师、学生和社会各方的共同努力和配合。只有这样,才能真正实现高校的育人目标,为社会主义现代化建设贡献更多的智慧和力量。

四、课程思政理念有助于推动高校教育的改革和创新

随着社会的迅速发展和时代的变迁,高校教育正面临着前所未有的挑战和机遇。为了应对这些变革,许多高校都在积极探索和尝试新的教育理念和方法。其中,课程思政理念以其独特的视角和深刻的内涵,成为推动高校教育改革和创新的重要力量。

课程思政理念强调以学生为中心,注重培养学生的综合素质和创新能力。它认为,教育的核心不仅仅是传授知识,更重要的是培养学生的思维能力和解决问题的能力。因此,在课程思政理念的指导下,高校教育需要不断创新教学方法和手段,以满足学生个性化和多样化的学习需求。

首先,课程思政理念注重问题导向。它鼓励学生主动发现问题、分析问题和解决问题,从而培养学生的创新思维和实践能力。在教学过程中,教师需要设计具有挑战性和启发性的问题,引导学生进行深入思考和探索。这样的教学方式不仅能够激发学生的学习兴趣和动力,还能够培养他们的批判性思维和创新能力。

其次,课程思政理念强调跨学科融合。它认为,不同学科之间具有内在的联系和互补性,跨学科融合可以培养学生的综合素质和创新能力。因此,在课程思政理念的指导下,高校需要打破学科壁垒,促进不同学科之间的交流和合作。例如,可以开设跨学科课程、组织跨学科研究项目等,让学生在不同学科领域之间进行探索和实践。

最后,课程思政理念还注重与社会的紧密联系。它认为,高校教育

应该与社会发展紧密相连,为社会培养有用之才。因此,在课程思政理念的指导下,高校需要加强与社会的联系和合作,了解社会的需求和变化。同时,高校还需要将课程思政理念融入社会实践中,让学生在实践中体验和感悟思政教育的真谛。

总之,课程思政理念在高校教育改革和创新中发挥着重要作用。它以学生为中心,以问题为导向,注重教学方法和手段的创新,从而推动高校教育的改革和发展。在未来的发展中,高校应该进一步深入贯彻课程思政理念,不断创新教育方法和手段,为培养更多具有创新思维和实践能力的人才作出更大的贡献。同时,高校还需要加强与社会的联系和合作,让课程思政理念更好地服务于社会发展和国家建设。

第三节 课程思政理念在英语教学中的特殊意义

随着全球化的深入发展,英语作为国际通用语言,在各个领域都扮演着重要角色。然而,英语教学不仅仅是语言知识的传授,更是培养学生跨文化交流能力和全球视野的重要途径。因此,将课程思政理念融入英语教学具有深远的意义。

一、课程思政理念有助于培养学生的国家意识和民族自豪感

课程思政理念在培养学生国家意识和民族自豪感方面发挥着重要作用。在全球化的今天,跨文化交流已成为日常生活的一部分,如何在这样的背景下保持并弘扬本国文化,培养学生的国家意识和民族自豪感,成为教育领域需要深入思考的问题。

英语课程作为学校教育的重要组成部分,不仅是语言技能的学习,更是文化意识的培养。在英语教学中融入课程思政理念,引入中华优秀传统文化(可演绎为历史故事等)内容,可以使学生在学习英语的同时深入了解中华文化的博大精深,增强他们的文化自信心和民族认同感。

中华优秀传统文化是中华民族的瑰宝,蕴含着丰富的哲理和人生智

慧。通过英语课程，将这些文化精髓传递给学生，让他们认识到自己文化的独特价值和魅力，有助于培养他们的文化自信。当学生在跨文化交际中遇到不同文化背景的人时，他们能够坚守自己的文化，自信地展示中华文化的魅力。

历史故事是民族文化的重要组成部分，它记录了民族的奋斗历程和辉煌成就。在英语教学中，讲述中国历史故事，可以帮助学生了解国家的发展历程，激发他们的民族自豪感。当学生对自己的国家有了更深入的了解和认识，他们会更加珍惜自己的身份和热爱自己的民族，为国家的繁荣富强贡献自己的力量。

在全球化背景下，培养学生的国家意识和民族自豪感尤为重要。通过英语课程思政理念的实践，让学生在跨文化交流中坚守文化自信，传播正面形象，展现中国风采，这不仅是教育的责任，也是培养具有国际视野和民族情怀的新一代的必然要求。

总之，课程思政理念在英语教学中具有不可替代的作用。引入中华优秀传统文化及所演绎的历史故事等内容，可以培养学生的国家意识和民族自豪感，帮助他们在跨文化交流中坚守文化自信，展现中国风采。这不仅是教育的需要，更是时代赋予我们的重要使命。

二、课程思政理念有助于提高学生的道德品质和人文素养

课程思政理念在提高学生道德品质和人文素养方面发挥着至关重要的作用。在当前教育背景下，英语不再仅仅是一门语言学科，而是融合了人文教育和社会责任感的综合学科。通过深入挖掘英语教材中的德育元素，教师能够引导学生关注社会热点问题，培养学生的批判性思维和道德判断力。

在英语教学中，我们可以结合课程内容，选取一些具有教育意义的文章或案例，让学生进行讨论和分析。例如，在教授环境保护主题的文章时，教师可以引导学生思考人类活动对环境造成的影响，以及我们每个人应该承担的责任。通过这样的讨论，学生不仅能够掌握相关的语言知识，还能够形成正确的环保意识和道德观念。此外，教师还可以结合当前的社会热点问题，如社会公平、正义、人权等，设计一些具有针对性的教学活动。这些活动可以帮助学生了解社会现象，培养他们的批判性思维和独立思考能力。在参与这些活动的过程中，学生不仅能够提高自

己的道德品质,还能够逐渐形成强烈的社会责任感和公民意识。

除了课堂教学之外,英语教师还可以通过组织各种课外活动来进一步提升学生的道德品质和人文素养。例如,组织学生参加志愿者活动,参与社区服务和环保项目等。这些活动可以让学生亲身感受到为社会作贡献的快乐和满足感,进一步增强他们的社会责任感和使命感。

总之,挖掘课程中的德育元素、引导学生关注社会热点问题以及组织各种课外活动,可以帮助学生形成良好的道德品质和人文素养,使其成为具有社会责任感和公民意识的人才。这样的教育方式不仅有助于学生的全面发展,还能为社会的和谐与进步作出贡献。

三、课程思政理念有助于培养学生的国际视野和跨文化交流能力

在当今全球化的背景下,培养学生的国际视野和跨文化交流能力显得尤为重要。而在这个过程中,课程思政理念在英语教学中发挥着至关重要的作用,它不仅关注学生的语言技能培养,更重视通过语言学习来培养学生的全球意识和跨文化交际能力。

在英语教学中,教师可以通过多种方式帮助学生拓宽国际视野。例如,通过对比中西文化差异,学生可以更深入地理解不同文化背景下的价值观、习俗和社会规范。这种对比不仅能增强学生的文化敏感性,还能帮助他们建立尊重和理解多元文化的态度。通过探讨全球性问题,如气候变化、经济发展不平衡等,学生可以更加全面地了解世界,认识到自己作为地球村一员的责任和使命。

在培养跨文化交流能力方面,英语课程思政理念强调实践与应用。教师可以设计各种模拟情境,让学生在角色扮演中锻炼跨文化沟通的能力。此外,鼓励学生参与国际交流活动,如语言交换、国际志愿者服务等,也是提升跨文化交流能力的有效途径。通过这些实践活动,学生可以亲身体验不同文化背景下的沟通方式,学会如何在跨文化环境中有效沟通。

总之,课程思政理念在英语教学中的特殊意义主要体现在培养学生的国家意识和民族自豪感、提高道德品质和人文素养,以及培养国际视野和跨文化交流能力等方面。因此,在英语教学中融入课程思政理念具有重要的现实意义和长远的发展价值。

第二章　高校英语教学的理论阐释与发展回顾

　　深入阐释高校英语教学理论的内涵、原则、内容、理论依据以及发展历程等基础知识，可以帮助读者更好地理解和把握高校英语教学的本质和规律，为提高学生的英语应用能力和综合素质提供有力的理论支持和实践指导。

第二章
高校英语教学的理论阐释与发展回顾

第一节　高校英语教学的内涵

在新时代背景下,高校英语教学的内涵超出了单一的语言教学的范畴。它不仅涵盖了对语法、词汇、听说读写等的教授,更重要的是,它致力于培养学生的跨文化交流能力、批判性思维能力和终身学习能力。本节具体分析高校英语教学的相关内涵。

一、教学、英语教学与高校英语教学的概念

在教学领域中,教学是一种传授知识和技能的过程,它涵盖了各个学科和层次的教育。教学不仅仅是知识的传递,更是一种互动和合作的过程,涉及教师和学生之间的相互作用和沟通。在这个过程中,教师需要运用多种教学方法和手段,激发学生的学习兴趣和积极性,帮助他们掌握知识和技能,提高他们的综合素质和能力。

英语教学作为语言教学领域中的一个重要分支,是指用英语作为教学内容进行的教学活动。英语教学的目的是帮助学生掌握英语语言知识,提高英语听说读写的能力,培养他们的跨文化交际能力,使他们能够用英语进行有效的交流和表达。为了实现这些目标,英语教学需要采用多种教学方法和手段,如任务型教学、情景教学、合作学习等,以激发学生的学习兴趣和积极性,提高他们的英语学习效果。

高校英语教学是英语教学在高等教育阶段的具体体现。高校英语教学的目标是培养学生的英语综合运用能力,使他们能够用英语进行学术研究、文化交流和国际合作。在这个过程中,高校英语教学需要注重学生的英语听说读写能力的全面发展,同时也需要注重培养学生的跨文化交际能力、批判性思维能力和自主学习能力。此外,高校英语教学还需要结合学科特点和专业需求,为学生提供更加专业和实用的英语教学内容和方法。

二、高校英语课堂教学的构成

（一）教学内容

高校英语课堂教学的内容安排是教育过程中的关键环节，它直接关系到学生的学习效果和语言能力的提升情况。教学内容的选择和安排受到时间、地点、班级、教师、学生以及教学目标等多种因素的影响，呈现多样性和差异性。下面将从短期和长期两个角度，探讨高校英语课堂教学内容的重要性，并分析如何科学合理地安排教学内容。

在短期内，课堂的教学进度、教授和学习效果都会受到课堂教学内容的影响。教师在课前应根据教学大纲、教学原则和目标，以及特定教学对象的需求，精心选择和编排教学内容。然而，这并不意味着教师只需按照教科书的固有顺序授课，因为同一本教科书的教学顺序可能并不适用于所有地区和学校的学生。因此，教师需要结合实际情况，对教学内容进行适当的修改和调整，以满足学生的个性化需求。

从长远来看，想要学生达到从中介语到目标语的积极进步，对于课堂教学内容的安排就要科学合理。教学内容不仅要涵盖语言知识和技能，还要注重培养学生的语言运用能力和跨文化交际能力。同时，教学内容应与学生的生活实际和未来发展紧密相连，以激发学生的学习兴趣和动力。

在传统的高校英语课堂中，教师的教学往往局限于教科书的固有顺序，缺乏自主权和创新意识。这种教学方式不仅限制了教师的教学发挥，也束缚了学生的思维发展。因此，需要改变这种传统的教学观念，适当增加师生在教学内容方面的自主选择权。

那么，如何科学合理地安排高校英语课堂教学内容呢？首先，教学内容应广泛而丰富，包括各种物质文明与精神文明成果，以拓宽学生的知识视野。其次，教学内容应体现语义系统、语言学系统、语用系统三个方面的要求，以提高学生的语言水平和思维能力。此外，教师还应根据教学内容中的重点内容，合理安排学生的活动内容，使学生在实践中提高语言能力。

随着时代的进步和教学理念的创新，高校英语教师也开始尝试多样

第二章
高校英语教学的理论阐释与发展回顾

化的教学方式,如对话、小组讨论、角色扮演、趣味游戏等。这些新颖的教学方式不仅能够激发学生的学习兴趣,还能有效提高学生的语言运用能力和交际能力。因此,教师在设计课堂活动时应充分考虑学生的需求和特点,制定符合学生实际情况的活动内容。

需要注意的是,虽然新颖的教学方式能够带来良好的教学效果,但也不能完全忽视对语言基础知识的训练。学生在语言学习过程中需要掌握一定的词汇、语法(如句型)等的基础知识,这是提高语言能力的基础。因此,教师在安排教学内容时应平衡好基础知识与交际能力的关系,确保学生在全面发展的同时扎实掌握语言基础知识。

(二)教材

教材在课堂教学中犹如一座灯塔,照亮学生在知识的海洋中前行的道路。然而,正如灯塔的光芒无法照亮每一个角落一样,教材也无法完全适应每一个学生的需求。每名学生都是独一无二的,他们的兴趣、背景、学习能力和需求各不相同。因此,尽管教材是精心编写的,但仍然存在一些局限性。

此外,教材的编写过程受到编者自身水平和现有资料的制约。编者的编写可能无法涵盖所有相关的知识点,或者他们的观点和解释可能不够全面与深入。现有的资料也可能存在偏差或不足,导致教材在某些方面存在缺陷。这些局限性使教材无法完全适应每名学生的需求,从而影响了学生的学习效果。

为了弥补教材的这些局限性,教师在教学过程中发挥着至关重要的作用。首先,他们不仅需要具备扎实的专业知识,还需要具备灵活处理各种教材的能力。通过与学生在课上或课下的互动,教师可以了解他们的感受和需求,从而调整教学方法和进度。例如,教师可以通过课堂讨论、小组讨论、问卷调查等方式收集学生的反馈。这些反馈可以帮助教师了解学生对教材的理解和掌握程度,以及他们对某些知识点的困惑和疑问。基于这些反馈,教师可以有针对性地进行教学调整,以满足学生的需求。其次,教师还可以利用多种教学资源来丰富课堂教学内容。这些资源包括相关的学术文献、案例研究、实践经验等。通过引入这些资源,教师可以帮助学生更深入地理解教材内容,拓宽他们的知识视野。

(三)教师

英语教师作为课堂教学的重要组成因素,肩负着培养学生语言能力和激发学习热情的双重任务。他们不仅要掌握课堂的进展,更要对学生进行恰当的、适时的指导。那么,如何才能成为一名优秀的英语教师呢?

第一,英语教师必须具备基本的专业素养和良好的职业素养,包括扎实的语言基础、广博的文化知识、灵活的教学方法和丰富的教育经验。只有这样,他们才能有效地传授语言知识,引导学生掌握正确的发音、语法和词汇,以及培养他们的听说读写能力。

第二,英语教师需要灵活运用多媒体、视频和音频等教学工具,以弥补自身发音的不足之处。这些工具能够提供地道的英语发音示范,帮助学生纠正发音错误,提高口语表达能力。同时,教师还可以利用这些工具丰富教学内容,激发学生的学习兴趣和积极性。

第三,英语教师在课堂上的表现也至关重要。他们应该以热情饱满的精神面貌出现在学生面前,通过生动的解说和富有激情的表演,将单词、语句和课文讲解得生动有趣。这样不仅能够吸引学生的注意力,还能够营造积极向上的课堂氛围,激发学生的学习热情。

第四,英语教师还需要增加与学生的情感和思想交流,以缓解课堂的沉闷气氛。他们应该关注学生的情感需求,尊重学生的个性差异,为学生提供个性化的学习指导。通过与学生的互动和交流,教师可以更好地了解学生的学习情况,及时调整教学策略,提高教学效果。

在英语课堂上,教师与学生的交流是影响学生情感的关键因素。教师的课堂语言是学生获得语言输入的主要来源,对学生的语言学习效果具有直接影响。因此,英语教师应该注意课堂语言的准确性和趣味性,使用简单易懂、富有感染力的语言来讲解知识点,激发学生的学习兴趣和好奇心。

第五,营造趣味性也是教师掌握英语课堂中不可忽视的一个重要方面。幽默风趣的授课能够让学生在更轻松的氛围里学习,提高学生的注意力和积极性。同时,学生的积极反应也会激发教师更强烈的教学热情,形成良性循环。因此,英语教师应该注重培养自己的幽默感,使用各种方法使课堂教学生动有趣。

第二章
高校英语教学的理论阐释与发展回顾

（四）教学方法

教学方法,作为教育领域中至关重要的概念,涵盖了师生为完成教学任务而采取的各种教与学互相作用的方式。它不仅是达到教学目标的桥梁,更是提高教学质量和效率的关键所在。随着教育理念的不断演进,现代教学方法已逐渐摒弃了传统的注入式教学,转而倡导启发式教学,强调学生的主体性和教师的引导作用。

传统的注入式教学往往以教师为中心,学生被动地接受知识。这种方法忽视了学生的主动性和积极性,导致学生学习效果不佳,对知识缺乏实际应用能力。现代教学方法强调启发式教学,它认为学生是教育的对象,同时也是认识的主体。在这种教学理念下,教师不再仅仅是知识的传递者,而是学生学习过程中的引导者和促进者。

启发式教学方法的核心在于激发学生的学习兴趣和动力,通过引导、启发、讨论等方式,让学生主动参与到学习过程中。这种方法强调学生的主动性、积极性和创造性,使学生在探究、发现、解决问题的过程中,不仅掌握了知识,更培养了独立思考和解决问题的能力。

启发式教学方法的实施需要教师具备较高的教学水平和教育智慧。教师需要深入了解学生的实际情况和需求,根据学生的个体差异,设计符合学生特点的教学方案。同时,教师还需要灵活运用各种教学手段和方法,如情境创设、案例分析、小组讨论等,以激发学生的学习兴趣和动力,促进学生的全面发展。

启发式教学方法的应用已经得到了广泛的认可。许多实证研究表明,启发式教学方法能够显著提高学生的学习效果和综合素质。例如,在一些实验性的教学研究中,采用启发式教学方法的学生在创新能力、批判性思维等方面表现出明显的优势。此外,启发式教学方法还能够促进学生的自主学习和终身学习,为其未来的职业发展奠定坚实的基础。

三、高校英语课程的目标要求

高校英语课程的总目标在于培养具有中国情怀、国际视野和跨文化沟通能力的人才。这意味着在英语教学中,不仅要注重语言知识和技能的培养,更要关注学生的文化本位、综合素质和个性发展。通过学习英语,学生能够更好地理解和传承中华文化,同时形成跨文化沟通的能力,以适应全球化背景下的国际交流与合作。

在全球化的浪潮下,高校英语课程肩负着培养具有中国情怀、国际视野和跨文化沟通能力的人才的重任。这一目标的设定既体现了对传统文化的尊重与传承,也彰显了对于国际交流的开放与包容。英语课程不仅是一门语言技能的训练,更是一种文化认知的深化和视野拓展的过程。

首先,高校英语课程要注重学生的语言知识积累和技能培养。语言作为沟通的桥梁,是连接不同文化、不同国家的纽带。通过学习英语,学生能够掌握一门国际通用语言,增强自己在国际舞台上的竞争力。同时,英语课程还应注重培养学生的听说读写译基本技能,使他们能够熟练运用英语进行交流,为未来的学术研究和职业发展打下坚实的基础。

其次,高校英语课程要关注学生的综合素质和个性发展。在英语教学中,不仅要教授语言知识,更要注重培养学生的综合素质,如批判性思维、创新能力、团队合作能力等。这些素质的培养有助于学生在全球化背景下更好地适应社会的发展变化,实现个人价值的最大化。同时,还要关注学生的个性发展,尊重每名学生的兴趣和特长,为他们提供多样化的学习资源和发展路径。

最后,高校英语课程要帮助学生更好地理解和传承中华文化,培养跨文化沟通的能力。语言是文化的重要载体,学习英语不仅是为了与国际接轨,更是为了更好地传播和弘扬中华文化。在英语教学中,要引导学生深入了解中华文化的精髓和内涵,培养他们的文化自信和民族自豪感。同时,注重培养学生的跨文化沟通能力,使他们能够在尊重差异的基础上与不同文化背景的人进行有效沟通,促进国际交流与合作。

综上所述,高校英语课程总目标的实现需要我们在英语教学中注重语言知识的积累和技能的培养,关注学生的综合素质和个性发展,并帮助他们更好地理解和传承中华文化,培养跨文化沟通的能力。只有这样,才能培养出适应国际交流与合作的新时代人才。

第二节　高校英语教学的基本原则与内容

在探讨高校英语教学的基本原则和内容时，首先需要明确英语教学在当前教育环境下的目标和重要性。随着全球化进程的不断加速，英语已经成为一种国际通用语言，对于培养学生的综合素质和国际视野具有不可替代的作用。因此，高校英语教学的基本原则和内容应当以培养学生的英语综合运用能力为核心，注重培养学生的语言能力、学习能力、思维能力和文化意识。

一、高校英语教学的原则

（一）间接经验与直接经验相统一原则

间接经验指的是通过学习他人的认识成果来获取知识。这主要指的是人类历史经验的积累和传承，通过书籍（如教材）等媒介进行传递。间接经验的学习可以帮助学生快速掌握人类长期积累的基本文化知识和技能，提高认知效率，避免重复前人的错误。

直接经验则是指学生通过亲身参与实践活动，直接获取感性认识后沉淀。这种经验通常是在实际操作、实验、观察、调查等活动中获得的。直接经验的学习可以帮助学生将所学知识应用到实际情境中，增强实践能力和创新能力，同时也可以激发学生的学习兴趣和主动性。

在高校英语教学过程中，间接经验和直接经验是相互联系、相互促进的。教师需要将间接经验和直接经验相结合，既要注重系统知识的传授，也要注重学生的实践操作和感性认识的培养。这样才能帮助学生全面发展，提高英语教学质量和效果。

（二）掌握知识与发展智力相统一原则

知识是人类长时间积累和总结出来的，是对于客观世界规律和人类经验的总结。通过学习知识，人们可以快速地获取前人的经验和智慧，掌握基本的文化知识和技能。

智力是一种心理特征，是人类认识世界和解决问题的关键能力。在英语教学过程中，学生掌握知识和发展智力是有机统一的。一方面，学生需要学习大量的知识，掌握基本的概念、原理和技能，这是进一步发展智力的基础；另一方面，通过发展智力，学生可以更好地理解和应用所学英语知识，促进对英语知识的掌握。因此，在英语教学过程中，教师需要注重英语知识传授和智力发展的统一，帮助学生既掌握基本的英语知识和技能，又要发展智力，实现素质的全面发展。

（三）掌握知识与提升思想品德相统一原则

在掌握知识与发展能力的过程中，学生不仅需要学习基本的知识和技能，还需要提升和培养自己的思想觉悟和道德品质。这些品质包括爱国主义、集体主义、有社会责任感及职业道德等，都是学生成为未来社会有用之才所必须具备的。同时，在英语教学活动中，教师也需要注重引导学生形成正确的意识形态、文化观念和伦理道德。教师可以通过自己的言谈举止、教学材料、教学方法等方面，向学生传递正确的价值观和文化观念。这样不仅可以帮助学生更好地掌握英语知识，还可以提高他们的思想觉悟和道德水平。

（四）教师主导作用与学生主体作用相统一原则

首先，教师作为英语教学过程的设计者、实施者和引导者，发挥着非常关键的作用。教师需要根据英语教学内容、学生特点和学习目标，制订合理的教学计划，选择适当的教学方法，组织并引导学生的学习活动。同时，教师还需要关注学生的学习进程，及时调整教学策略，解决学生在学习过程中遇到的问题，激发学生的积极性和主动性。

其次,学生是英语教学过程的主体,具有主观能动性。学生是英语知识的接受者、体系建构者和共同创造者。学生在英语教学过程设计中扮演着重要角色,他们的学习态度、方法和效果直接影响到教学质量。因此,学生需要积极参与英语教学过程,发挥自己的主动性、创造性和实践能力,与教师共同完成教学任务。

(五)智力因素与非智力因素相统一原则

英语教学活动既需要师生智力的参与,也需要非智力的情感和动机的参与。学生需要在智力因素如观察、记忆、思维和想象的充分发挥或运用基础上,借助非智力因素如兴趣、动机等来调节自己的英语学习和认知过程,在智力因素和非智力因素相统一的前提下顺利开展教学过程。

二、英语教学的具体内容

英语学科核心素养是学生在英语学习中逐步形成的综合性能力,也是英语教学的具体内容,它涵盖了语言能力、文化意识、思维品质和学习能力四大要素。这些要素相互渗透、协调发展,共同构成了学生应该具有的基础性综合素质。下面逐一深入探讨这些要素的内涵及其在英语教育中的重要性。

(一)语言能力:交际沟通的关键

语言能力是指学生运用英语进行听、说、读、写等交际活动的能力。它是英语学科核心素养的基础,获得此能力也是学生学习英语的首要目标。良好的语言能力能够帮助学生更好地理解和表达口头和书面信息,从而在不同语境中运用英语进行有效沟通。

为了培养学生的语言能力,教师在教学过程中应注重听、说、读、写四个方面的训练。通过大量的听力练习,学生可以提高对英语语音、语调的敏感度;通过模仿和口语实践,学生可以提升口语表达能力;通过阅读不同类型的英文材料,学生可以扩大词汇量,提高阅读理解能力;通过写作练习,学生可以锻炼书面表达能力,提升思维逻辑性和条理性。

(二)文化意识：跨文化交流的桥梁

文化意识是指学生对中外文化的理解、认同或尊重，以及在跨文化交流中表现出的文化自觉和文化自信。在全球化的今天，具备跨文化交流能力显得尤为重要。通过对中外文化的历史、传统、价值观等方面的了解和尊重，学生可以更好地融入国际社会，促进不同文化间的交流与融合。

在英语教学中，教师应注重培养学生的文化意识，通过介绍不同国家的文化背景、风俗习惯、价值观念等，帮助学生拓宽视野，增进对不同文化的理解和尊重。同时，教师还可以组织学生进行跨文化交流活动，如角色扮演、文化体验等，让学生在实践中提高跨文化交际能力。

(三)思维品质：创新思考的动力

思维品质是指学生在英语学习中形成的思维习惯、思维方式和思维能力，包括批判性思维、创新性思维和逻辑性思维等方面。良好的思维品质可以帮助学生更好地理解和分析英语知识，提高学习效率，同时它也是学生未来创新发展和职业成功的重要支撑。

为了培养学生的思维品质，英语教师在教学过程中应注重启发式教学，鼓励学生主动思考和探索。通过提出问题—引导学生分析、讨论和总结等方式，帮助学生培养批判性思维和逻辑性思维；通过组织创新活动、提供创意空间等方式，激发学生的创新思维和想象力。

(四)学习能力：终身发展的基石

学习能力是指学生在英语学习中形成的自主学习、合作学习和终身学习的能力，包括制订学习计划、选择学习策略、监控学习过程以及评估学习成果等方面的能力。学习能力是学生未来持续发展的重要保障，也是他们适应不断变化的社会环境的关键。

在英语教学中，教师应注重培养学生的自主学习能力，引导他们掌握有效的学习方法和策略。通过教授如何制订学习计划、如何选择合适的学习策略等，帮助学生提高自我管理和自我监控能力；通过组织合作学习活动、培养团队合作精神等，帮助学生提高协作能力和沟通能力。

第二章
高校英语教学的理论阐释与发展回顾

第三节 高校英语教学的理论依据

高校英语教学是一项重要的教育活动,旨在培养学生的英语语言能力、跨文化交流能力和终身学习能力。为了实现这些目标,教学活动需要在一定的理论指导下进行。本节将对这些理论进行深入分析,以便更好地理解高校英语教学的本质和实践。

一、学习理论

学习理论是心理学中一个非常重要的领域,它研究人类学习的本质和过程,以及各种因素如何影响学习。学习理论的发展历程中产生了众多不同的流派,其中最具影响力的包括行为主义学习理论、认知主义学习理论和建构主义学习理论。

(一)行为主义学习理论

行为主义学习理论在20世纪初开始盛行,通过观察和研究人类的行为得出结论,认为学习是建立刺激与反应之间的联结和联想,而强化是促进这种联结的重要手段。行为主义学习理论强调了外部环境对学习的影响,并认为学习可以通过反复的刺激和反应来形成,代表人物包括巴甫洛夫、华生、桑代克、斯金纳和班杜拉等,他们都提出了各自的行为主义学习理论。

1. 巴甫洛夫的经典条件反射理论

巴甫洛夫的经典条件反射理论是一种心理学理论,指的是在一定条件下,外界刺激与有机体反应之间建立起来的暂时神经联系。这种联系通常是在一个无条件刺激(unconditioned stimulus)和一个无条件反应

(unconditioned response)之间形成的。例如,在巴甫洛夫著名的狗的唾液条件反射实验中,食物是无条件刺激,而唾液是无条件反应。在反复将食物和铃声等中性刺激一起呈现之后,狗开始对铃声产生唾液分泌的条件反应(conditioned response),即铃声成为条件刺激。这意味着,条件刺激和条件反应之间形成了一种新的暂时神经联系。这种联系通常需要通过强化来巩固,因为条件反射会因得不到无条件刺激强化而消退。然而,如果条件反射消退后,再给予条件刺激,条件反射可以恢复,这被称为恢复性反应。

经典条件反射理论在心理学和教育领域有广泛的应用。例如,在行为疗法中,经典条件反射理论被用来解释和治疗各种行为问题。此外,经典条件反射理论也用于解释人类情感和认知过程的形成和发展。

2. 华生的行为主义学习理论

华生的行为主义学习理论主要关注的是环境对行为的影响。他主张心理学只应该研究可被客观观察和测量的行为,而不是研究意识等无法直接观察和测量的现象。在华生看来,人类的行为都是由环境中的刺激引发的,而学习就是在这些刺激与个体反应之间建立联结的过程。

华生认为,人类的行为都有一个固定的顺序,这个顺序是由习惯的力量决定的。这些习惯是在环境的反复刺激和反应中形成的。他强调了环境对儿童发展的重要作用,认为儿童在成长过程中会逐渐形成各种习惯系统,这些习惯系统会影响他们以后的行为和反应。

华生还提出了"刺激—反应"的公式,即 S-R(Stimulus-Response)。在这个公式中,S 代表刺激,R 代表反应,也就是一个刺激引发的一个反应。他认为,人类的行为是被环境和刺激所决定的。

总的来说,华生的行为主义学习理论强调了环境对学习的重要性,认为学习是通过反复的刺激和反应而建立的联结和习惯。这种理论对于现代心理学和教育实践都有重要的影响。

3. 桑代克的学习联结说

桑代克的学习联结说是一种学习理论,它认为人和动物的学习都是通过尝试错误的方式逐渐形成刺激与反应之间的联结。这种联结的形成是学习的实质,也是学习的过程。

第二章
高校英语教学的理论阐释与发展回顾

桑代克认为,学习是通过刺激和反应之间的联结而形成的。这种联结是通过尝试与错误的过程而建立的,是随着错误反应的逐渐减少和正确反应的逐渐增加而形成的。这种学习理论强调了环境对学习的重要性,认为学习是在一定的刺激情境中发生的,个体通过反复尝试错误来建立刺激与反应之间的联结。

桑代克的学习联结说对学校的教育教学实践产生了重要影响。他的理论启示教师根据学生的实际情况采用不同的教学方法,并重视在学生的学习过程中给予反馈,及时调整教学策略,帮助学生形成良好的学习习惯。同时,桑代克的理论也为我们提供了理解和改进教育教学方法的重要依据。

然而,桑代克的学习联结说也存在一些缺陷。例如,它过于强调机械学习和简单化,没有充分考虑到人类学习的主观能动性和复杂性。此外,桑代克的理论对学习过程中的认知和思考因素不够重视,这也是该理论的局限性之一。

4. 斯金纳的操作性条件反射理论

斯金纳的操作性条件反射理论是一种心理学理论,认为行为是环境刺激和个体反应之间相互作用的结果。这种理论强调了环境对行为的影响,认为行为的发生和改变都是强化(奖励或惩罚)的结果。

斯金纳认为,所有的行为都可以分为两类:应答性行为和操作性行为。应答性行为是由已知的刺激引起的,而操作性行为是由有机体自身发出的。他把条件反射也分为两类:经典性条件反射和操作性条件反射。

操作性条件反射是斯金纳操作主义学习理论(又称强化理论)的核心。他认为,行为的发生是由环境刺激和个体反应之间的相互作用决定的。当一个行为得到奖励或惩罚时,该行为在未来的发生概率会增加或减少,这是强化理论的核心概念。

强化理论认为,任何行为(如学习)的发生、变化都是强化的结果。强化可以分为正强化和负强化。正强化是指呈现某事物,增加某种刺激,导致有机体行为表现反应概率增加。负强化是指某种刺激在有机体做出一个操作反应后消失,反应概率增加。

斯金纳的操作性条件反射理论对教育实践产生了深远的影响。教师可以利用操作性条件反射的原理来帮助学生形成良好的习惯和行为。

例如,正强化可以用来增加学生做好事的频率,负强化可以用来减少学生不良行为的发生。同时,教师还可以通过调整奖励和惩罚的方式来帮助学生建立正确的价值观和道德观念。

然而,斯金纳的操作性条件反射理论也存在一些局限性。例如,它过于强调环境对行为的决定性作用,忽视了人类主观能动性的重要性。此外,该理论难以解释一些复杂的人类心理和社会现象,如情感、意志、人际交往等。因此,在教育实践中应用操作性条件反射理论时需要结合实际情况进行灵活运用。

5. 班杜拉的社会学习理论

班杜拉的社会学习理论关注的是人类行为(如人的学习)以及个体在社会背景下的心理发展。他的理论主张人的行为是受社会环境影响的结果,并且人可以通过观察和模仿他人的行为来学习。

班杜拉的社会学习理论主要包括观察学习、自我效能和行为适应与治疗等内容。

观察学习是指人们通过观察他人的行为及其强化结果来习得新的行为。班杜拉认为,观察学习不需要直接的外显操作,只需要通过观察就可以获得新的行为反应。这种学习方式使人们在没有直接经验的情况下也可以习得新的行为。

自我效能是指个体对自己能力的评价和判断。班杜拉认为,自我效能是行为习得和表现的重要因素。个体只有在相信自己能够胜任某项任务时才会积极地去追求完成它。因此,自我效能对于个体的行为表现和适应能力具有重要影响。

班杜拉还提出了行为适应与治疗的概念。他认为,人的行为是可以根据环境的要求进行适应改变的。行为适应是指个体为了适应新的环境要求而调整自己的行为反应;行为治疗则是指通过特定的训练程序来改变不良行为反应。这些概念为理解和改善人类行为提供了重要的思路。

班杜拉的社会学习理论对教育实践具有重要的指导意义。例如,观察学习对于解释学生的行为习得和模仿具有重要的启示作用,可以帮助教师更好地设计和实施教学策略;自我效能可被用于帮助学生建立自信心和提高自我评价能力;行为适应与治疗则可被用于理解和改善学生的不良行为反应,促进他们健康发展。

第二章
高校英语教学的理论阐释与发展回顾

（二）认知主义学习理论

认知主义学习理论认为学习不是简单机械的刺激和反应的联结，而是学习者内部信息加工等的过程。这个过程包括对信息的获取、加工、储存和应用。认知主义强调学习者在学习过程中积极主动地参与，认为学习是在原有知识基础上对新知识进行建构的过程。认知主义学习理论是从格式塔心理学起源的，下面具体分析格式塔学习理论以及布鲁纳、奥苏贝尔和加涅的认知主义学习理论。

1. 格式塔学习理论

格式塔学习理论，也称为完形学习理论，是由德国心理学家马克斯·韦特海默、沃尔夫冈·苛勒和科特·科夫卡在20世纪初提出的。该理论强调了人类和高等动物的学习模式，主张学习不是对个别刺激作出个别反应，而是对整个情境作出有组织的反应。格式塔学习理论有以下几个主要的原则（表2-1）。

表2-1 格式塔学习理论的主要原则

主要原则	具体阐述
接近原则	距离相近或位置接近的元素倾向于组成一个整体
相似原则	在某些方面（如大小、颜色、形状等）相似的元素倾向于组成一个整体
闭合原则	构成闭合造型的元素倾向于组成一个整体
连续原则	当发现一个视觉规律后，人们倾向于将对象按规律延续下去

格式塔学习理论还强调了顿悟学习，认为人类和高等动物的学习不是通过尝试错误逐渐形成的，而是通过顿悟（insight）实现的。这种顿悟来自对整个问题或情境的理解和把握，而不是对局部细节的分析和尝试。

总的来说，格式塔学习理论是一种反对元素分析而强调整体组织的心理学理论，该流派认为任何心理现象都是一个格式塔。这种学习理论对于现代心理学和教育实践都有重要的影响，特别是在设计方面，它提醒人们关注整体感和设计元素的组合方式。

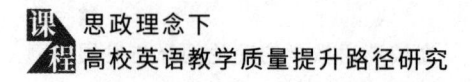

2. 布鲁纳的认知结构学习理论

布鲁纳的认知结构学习理论以发展学习者的智力为宗旨，以知识结构论为核心，以发现式学习为主要学习方法，在此过程中伴随着对学习者情感态度的培养。

3. 奥苏贝尔的认知同化学习理论

奥苏贝尔的认知同化学习理论，也称为认知结构主义学习理论，是一种关于学习和记忆的心理学理论。该理论强调个体已有的知识和经验对于学习的影响，以及新知识如何与已有知识相融合并被理解的过程。

根据奥苏贝尔的理论，学习的核心是建立和调整认知结构。认知结构是个体心智中的一系列概念、思维模式和知识组织方式。在学习过程中，新的信息和知识通过与已有的认知结构相联系和融合，被同化到已有的知识框架中，这种同化的过程可以使学习更加有意义和使学习内容易于理解。

4. 加涅的信息加工认知学习理论

加涅的信息加工认知学习理论是指将人视为信息加工的机制，把认知过程视为对信息的加工处理过程。这种理论主张人类的学习和记忆都是信息处理的过程，而且这个过程是有阶段性的。

加涅的信息加工认知学习理论认为，学习过程可以被划分为八个阶段：产生动机、了解、获得、保持、回忆、概括、操作和反馈。这些阶段是按照一定的顺序进行的，每个阶段都有其特定的目标和学习活动。

在产生动机阶段，学生被激发去关注学习任务并产生学习的意愿。在了解阶段，学生将注意力转移到学习任务上来，并开始了解任务的内容。在获得阶段，学生将新的信息编码并存储到短时记忆中。在保持阶段，学生将信息从短时记忆转移到长时记忆中。在回忆阶段，学生需要从长时记忆中检索信息并将其带到工作记忆中。在概括阶段，学生将新学的知识应用到不同的情境中，以实现知识的迁移。在操作阶段，学生将所学知识转化为技能，以便在实际应用中能够自动化地执行。在反馈阶段，学生得到关于他们的学习结果的信息，以便调整他们的学习策略。

加涅的信息加工认知学习理论还强调了教师的作用。教师需要根据学生的学习风格和特点来设计有效的教学策略,并提供适当的学习支持和反馈,以帮助学生成功地完成学习任务。

总之,加涅的信息加工认知学习理论为我们理解人类的学习过程提供了一种有利的框架,帮助我们更好地设计和改进教学方法,提高学生的学习效果。

(三)建构主义学习理论

1. 建构主义学习理论的发展历史和重要概念

瑞士的皮亚杰是教育心理学领域中独树一帜的人物,他在认知发展领域的贡献可谓深远而持久。特别是他提出的建构主义学习理论,更是为现代教育心理学的发展奠定了坚实的基础。

皮亚杰的建构主义学习理论源于他对儿童认知发展的深入研究。他坚信,学习并非简单地接收信息,而是一个自我建构的过程。在这个过程中,儿童通过与外部环境的互动,不断地调整和完善自己的认知结构。这一过程的核心在于"同化"与"顺应"两个基本过程。同化是将外部环境中的信息吸收并整合到已有的认知结构中,使原有的图式得到扩充;而顺应则是在遇到新的、无法用原有图式同化的信息时,主动改变原有的认知结构,以适应外部环境,从而达到新的认知平衡。这种平衡—不平衡—新的平衡的过程,正是儿童认知结构得以发展和完善的机制。

在皮亚杰的基础上,各国的教育学家和心理学家对建构主义学习理论进行了进一步的拓展和深化。例如,美国发展心理学家科尔伯格对认知结构的性质及其发展条件进行了深入研究,为建构主义的发展提供了更为坚实的理论基础。同时,美国心理学家斯腾伯格和卡茨等人则强调了个体在建构认知结构过程中的主动性,他们认为,只有充分发挥个体的主动性,才能有效地促进认知结构的发展。

此外,苏联心理学家维果茨基提出的文化历史发展理论,也为建构主义学习理论提供了新的视角。他认为,学习者的认知过程并非孤立存在,而是深受其所处的社会文化历史背景的影响。因此,他主张在教育过程中应充分考虑学习者的文化背景和社会环境,以促进其认知结构的发展。

这些研究不仅丰富了建构主义学习理论的内涵，也为其在实际教学过程中的应用提供了有力的支持。它们共同构成了现代教育心理学的重要支柱，为我们深入理解和改善教学过程提供了宝贵的理论资源。同时，这些研究也启示幼教工作者，在教育实践中，应充分尊重儿童的认知发展规律，积极引导他们主动参与到学习过程中，以实现其认知结构的不断完善和发展。

建构主义是在皮亚杰和维果茨基的理论基础上逐渐发展起来的，它强调了学习过程中学习者主动建构知识的重要性。建构主义的重要概念主要体现在以下几个方面。

首先，社会学习是建构主义的一个重要研究内容。维果茨基指出，儿童通过与知识能力更强的同龄人或年长者进行互动学习，能够潜移默化地受到影响。在合作学习的过程中，学生不仅可以分享学习成果，还可以了解彼此的思维过程。这一点对于理解学习过程中的社会互动和知识建构具有重要意义。

其次，最近发展区概念为建构主义提供了理论支持。维果茨基认为学生的发展存在两种水平：现有水平和可能的发展水平。教学应该着眼于学生的最近发展区，即他们现有水平和潜在能力之间的差距所在。通过提供适当的帮助和支持，学生可以逐步超越自己的现有水平，实现更大的发展。

再次，认知学徒期是建构主义理论中的一个重要概念。它强调了学习者在与成年人或知识能力更高的同龄人互动过程中获得专业技术的重要性。在学习过程中，学生被视为学徒，通过与他人的合作和互动，逐渐掌握知识和技能。

最后，中介学习是建构主义理论中的另一个关键概念。它强调教师在学生学习过程中的作用，教师应该为学生安排具有挑战性的学习任务，并提供必要的支持和帮助。这种学习方式有助于学生在解决问题的过程中建构自己的知识体系。

建构主义理论强调了学习者在知识建构过程中的主动性和互动性，以及教师在其中的引导和支持作用。这些观念对于改进教学方法和提高学习效果具有重要意义。在实际教学中，教师可以根据建构主义的理论指导设计更加符合学生认知发展规律的教学活动，帮助学生更好地建构自己的知识体系。

第二章
高校英语教学的理论阐释与发展回顾

2. 建构主义学习理论的核心观念

建构主义学习理论在20世纪80年代于美国兴起,它挑战了传统的信息加工心理学观念,并逐渐从认知主义流派中脱颖而出。这一理论对传统教学方式产生了深远影响,被视为教育心理学领域的一次重大变革。其核心观念涉及知识观、学习观、学生观和教学观四个方面,以下是对这四个方面的详细阐述。

知识观:建构主义学习理论强调知识并非绝对不变的真理,而是人们对客观世界的一种解释和假设。每个人基于自己的经验背景,对同一事物可能产生不同的理解。因此,知识具有动态性和不确定性,它随着人类思想和科学技术的进步而不断演变。学生不仅是知识的接受者,更有潜力成为知识的创造者。

学习观:建构主义学习观认为,学习是一个主动建构知识的过程,而非被动地接受知识。学生需要根据自己的经验和认知结构,对信息进行主动筛选、加工和整合。这一过程强调学习的情境性和社会互动性,即学习需要与社会实践相结合,并注重人与人之间的合作与交流。

学生观:建构主义学习理论的学生观认为,学生并非空白的接受者,他们进入课堂时已经拥有了一定的知识经验和认知结构。这些经验和结构会影响他们对新知识的理解和建构。因此,教师在教学过程中应充分考虑学生的个体差异和已有知识经验,引导他们在此基础上进行新知识的建构。

教学观:建构主义学习理论的教学观强调,教学不再是简单的知识传递过程,而是教师和学生共同建构知识的过程。教师应扮演引导者和促进者的角色,通过处理和转换知识,引导学生主动探索、发现和建构知识。同时,教师应关注学生的声音和观点,理解他们的思维过程,从而更有效地促进学生的学习和发展。

建构主义学习理论为我们提供了一个全新的视角来看待知识和学习。它强调知识的动态性和学生的主动性,提倡具情境性和社会互动性的学习方式,以及教师在教学中的引导和促进作用,这些观念对于改进教学方法、提高学习效果具有重要意义。

3. 建构主义理论在高校英语教学中的运用

建构主义认为,知识不是通过教师传授得到的,而是学习者在一定的情境下借助他人的帮助,如人与人之间的协作、交流,利用必要的信息等,通过意义的建构而获得的。这一理论与高校英语教学的特点相契合,为教学提供了新的思路和方法。

在高校英语教学中,建构主义理论的应用主要体现在以下几个方面。

(1)创设教学情境

建构主义强调情境的创设,认为情境是学习者获取知识、技能和情感体验的重要场所。在高校英语教学中,教师通过设计真实、生动的教学情境,引导学生积极参与,激发学生的学习兴趣和动力。例如,模拟国际会议、商务谈判等场景,让学生在实践中学习英语,提高英语应用能力。

(2)强调学生主体性

建构主义认为学生是学习的主体,教师的角色是引导学生、帮助学生。在高校英语教学中,教师应注重学生的主体性,尊重学生的个体差异,激发学生的学习兴趣和主动性。教师可以通过组织小组讨论、角色扮演等活动,让学生在互动中学习英语,提高英语交流能力。

(3)注重合作学习

建构主义强调合作学习的重要性,认为合作学习有助于培养学生的协作精神和沟通能力。在高校英语教学中,教师可以通过组织小组活动、团队项目等方式,让学生在合作中学习英语,提高英语应用能力。同时,合作学习也有助于培养学生的团队合作精神和沟通能力,为未来的职业发展打下基础。

(4)利用信息技术手段

建构主义认为信息技术手段可以为教学提供有力的支持。在高校英语教学中,教师可以利用多媒体、网络等信息技术手段,为学生提供丰富的学习资源和学习平台。同时,信息技术手段也可以帮助学生进行自主学习和探究学习,提高学习效果和学习效率。

总之,建构主义理论在高校英语教学中的运用有助于改变传统的教学模式,激发学生的学习兴趣和主动性,提高学生的英语应用能力和综合素质。同时,建构主义理论也为教师提供了新的教学思路和方法,有助于促进教学质量的提升。

二、教育传播理论

（一）教育传播的概念

教育传播是由教师按照一定的目的和要求，选定合适的信息内容，通过有效的媒体通道，把知识、技能、思想、观念等传送给特定的教育对象的一种活动。它旨在让学习者通过接受信息，从而掌握知识、技能和树立正确的价值观。教育传播是教育系统的重要组成部分，对于提高教育质量和效果具有至关重要的作用。

（二）教育传播的基本原理

教育传播的基本原理主要包括以下几种。

1. 信息来源原理

权威人士或信誉良好的人所提供的信息更容易被人们接受，这是因为在社会中，人们往往认为这些人的信息更加可信、准确和有用。在教育传播中，教师作为重要的信息来源之一，需要树立起自己的良好形象，赢得学生的认可和信任。只有这样，学生才会更容易接受教师所传递的信息。

为了树立良好的形象，教师需要具备专业素养和道德品质，包括广博的知识储备、高效的教学技能、良好的师德师风等。同时，教师还需要注重个人形象和言行举止，做到严谨自律、言行一致，成为学生的表率和榜样。

此外，教师在教学中所使用的资料也必须具有正确、真实、可靠的来源。这需要教师对资料进行充分的核实和筛选，确保所使用的资料符合学术规范和道德标准。同时，教师还需要注重资料的更新和修正，及时更新教学资料，保持信息的准确性和时效性。

2. 共同经验原理

教育传播从本质上来说就是传递与交换信息的过程。这个过程涉及教师将特定的知识、技能和思想传递给学生的环节。为了保证教育传播的良好效果,教师和学生之间必须具备共同的经验范围。

共同的经验范围是指教师和学生之间对于某个领域的知识、技能和思想有着共同的认知和理解。这种共同的经验范围可以帮助学生更好地理解和掌握知识,同时也能够促进师生之间的交流和互动。

如果教师和学生之间没有共同的经验范围,那么教育传播的效果就会大打折扣。如果教师对于某个领域的知识非常精通,但学生对于这个领域一无所知,那么教师就很难将这个领域的知识有效地传递给学生。相反,如果学生对于某个领域已经有一定的了解和认知,但教师对于这个领域一无所知,那么学生就很难从教师那里获得更多的知识和技能。

因此,为了保证教育传播的良好效果,教师和丰富的学生之间需要建立共同的经验范围。这需要教师具备广博的知识储备和丰富的教学技能,同时也需要学生具备一定的前置知识和学习能力。只有建立了共同的经验范围,才能够更好地实现教育传播的目标,提高教育质量和效果。

3. 重复作用原理

重复作用的主要原理是,通过多次呈现同一个概念,人们可以在不同的情境下更好地理解和记忆这个概念。这种重复呈现可以是在不同的场合、使用不同的词汇、通过不同的方式等。例如,在学习一门新的语言时,学习者可以通过在不同的情境下使用这种语言,如在课堂上、在日常生活中、在社交场合等来加深对这种语言的理解和记忆。

重复作用也可以帮助人们更好地应用知识。通过在不同的情境下重复使用同一个概念,人们可以更好地掌握这个概念的使用技巧和方法。

4. 抽象层次原理

相关研究表明,符号的抽象层次越高,其表达的意义就越广泛,但也更容易引起误会。在教育传播中,教师需要注意控制信息符号的抽象程度,确保学生能够理解和接受。

当教师使用抽象的符号或概念时,需要充分考虑学生的背景知识和理解能力。如果学生缺乏必要的背景知识或理解能力,他们可能会对抽象的符号或概念感到困惑或误解。因此,教师需要使用简单、直观的语言和例子来解释这些符号或概念,帮助学生理解其含义和应用。

此外,教师还可以通过多种方式来降低信息符号的抽象程度。例如,利用图像、图表、动画等直观的方式来呈现信息,帮助学生更好地理解和记忆。通过实际案例来解释抽象的概念或理论,使学生更容易将其应用于实际生活中。

（三）教育传播的过程

教育传播的过程是一个由教师借助教育媒体向学生传递与交换教育信息的过程,可以分为以下六个阶段。

1. 确定教育传播信息

教师根据教学目标和教育需求,确定需要传递的教育信息,包括知识、技能、思想、观念等。

2. 选择教育传播媒体

根据学生的特点和教育信息的性质,选择合适的传播媒体,如文字教材、视听教材、多媒体教材等。

3. 通道传送

通过选择的传播媒体,将教育信息传递给学生,可以通过课堂教学、广播电视、互联网等。

4. 接收与解释

学生接收并解释传递过来的教育信息,通过听觉、视觉、触觉等多种感官来感知信息,并根据自己的经验、理解来解释和加工信息。

5. 评价与反馈

学生对接收到的教育信息进行评价和反馈,包括对信息的理解程度、掌握程度和应用情况等。同时,教师也可以根据学生的反馈和评价,对教学过程进行调整和优化。

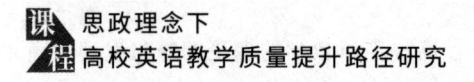

6. 调整再传送

根据评价和反馈的结果,教师对传递的教育信息进行调整和优化,再次进行传播。这个过程可以反复进行,直到达到预期的教学目标和学习效果。

在教育传播的过程中,每个阶段都有其特定的任务和要求,需要教师和学生共同努力和配合,才能够实现有效的教学和学习。

(四)教育传播的模式

教育传播模式主要包括以下几种。

1. 香农－韦弗传播模式

香农－韦弗传播模式是一种描述信息传播过程的数学模型,最初是由香农和韦弗在1949年提出的。这种传播模式最初是单向的,后来加入了反馈系统而成为双向封闭的形态。

在香农－韦弗传播模式中,发射器的主要作用是进行编码,即将信息转化为可以通过传播渠道进行传递的信号;接收器的主要作用是进行译码,即将接收到的信号转化为信息。噪声指的是对信息传播有所干扰的所有信息,包括各种干扰信号、噪音和其他干扰因素。

香农－韦弗传播模式能够解释许多人类传播过程,例如教学过程中的信息传递。在教学模式中,教师作为信息的发射器,将信息编码成适合学生接收的形式,并通过教学媒质(如教材、黑板、投影仪等)传递给学生。学生作为接收器,接收并译解这些信息,从而形成自己的知识。同时,学生也可以通过作业、提问等方式向教师反馈信息,形成双向交流。

然而,香农－韦弗传播模式也存在一些局限性。首先,它忽略了人的因素和社会的因素对传播过程的影响。其次,它假设传播过程中不存在误差或干扰,这与实际情况存在一定的差异。最后,它只适用于单向和双向的线性传播过程,而无法解释复杂的非线性传播现象。

2. 拉斯韦尔模式

拉斯韦尔模式(Larswell model)又称"5W"传播模式,是由美国政治学家拉斯韦尔于1948年提出的一种传播模式。这个模式清晰地揭示了传播的基本过程,包括谁(Who)、说了什么(Say What)、通过什么渠道(In Which Channel)、向谁说(To Whom)、有什么效果(With What Effects)五个要素。

谁(Who):指的是传播者,即信息的发起者或发送者。

说了什么(Say What):指的是传播内容,即信息本身。

通过什么渠道(In Which Channel):指的是传播媒介,即信息传递的渠道和途径。

向谁说(To Whom):指的是传播对象,即信息的接收者或受众。

有什么效果(With What Effects):指的是传播效果,即信息对受众产生的影响和作用。

拉斯韦尔模式的优点在于它清楚地揭示了传播过程的主要因素,并有助于理解不同传播情境下的传播行为。然而,它也存在一些局限性,如它忽略了传播过程中的反馈和互动因素,以及受众的主动性和选择性。因此,在实际应用中需要结合具体情况进行灵活运用和修正。

3. 贝罗传播模式

贝罗传播模式(Berlo's Model)是一种综合了多种学科理论(包括哲学、心理学、语言学、人类学、大众传播学和行为科学)以解释传播过程中的四个要素的模式。这四个要素分别是信息源、信息、通道和受者。

信息源(source),即信源,指的是信息的发起者或发送者(传者)。在传播过程中,传者需要考虑到自身的传播技巧、态度、知识水平。同时,传者在社会中的地位、影响与威信,以及学历、其他经历与文化背景等因素也会对传播效果产生影响。

信息(message),即所传播的内容及其结构。在传播过程中,传者需要对信息进行编码,即将信息转化为可以通过传播渠道进行传递的信号。这些信号可能包括语言、文字、图像与音乐等符码。除了信息的成分外,信息的结构也是影响传播效果的重要因素。

通道(channel),即信息传递的渠道和途径。在传播过程中,通道的选择和设置对于信息的传递和接收都非常重要。不同的通道有不同的特点和使用方式,传者需要根据具体情况选择合适的通道进行信息传递。

受者(receiver),即信息的接收者或受众。在传播过程中,接收者可以变成传者,传者也可以变成受者。因此,影响接收者的因素与传者相同。接收者对于信息的接收和处理会受到自身文化背景、知识水平、心理状态等因素的影响。

贝罗传播模式明确而形象地说明了影响信源、受者和信息等实现其传播功能的条件。它强调了传播过程的双向性和互动性,以及传播过程中各要素之间的相互影响和作用。同时,贝罗传播模式也提醒我们注意到传播过程中存在的各种干扰因素和不确定性因素,如噪音、干扰信号等,这些因素会对传播效果产生重要影响。

总之,贝罗传播模式是一种非常重要的传播理论,它为我们理解和解释传播过程提供了有益的框架和工具。深入研究和应用贝罗传播模式,可以更好地理解传播过程中的各种要素和环节,提高传播效果和质量。

4. 施拉姆传播模式

施拉姆传播模式是一种传播过程模型,它强调了传播的互动性和双向性。该模式由施拉姆提出,并在 C.E. 奥斯古德的观点启发下进行了完善。

在施拉姆传播模式中,传播者和受众是相互作用的,并且传播过程是一个循环的过程。传播者通过发出信息来传递信息,受众接收到信息后会对信息进行解读和理解,并将反馈传递给传播者。这个循环过程可以反复进行,不断调整和优化传播效果。

施拉姆传播模式的优点在于它强调了传播的互动性和双向性,突出了受众在传播过程中的地位和作用。同时,它也揭示了传播过程中存在的多种因素和变量,这些因素和变量会影响传播的效果和质量。

然而,施拉姆传播模式也存在一些缺陷。首先,它过于简化了一些复杂的社会和心理现象,无法全面解释所有的传播行为和过程。其次,它忽略了传播过程中存在的许多干扰因素和不确定性因素,如噪音、干扰信号等,这些因素会对传播效果产生重要影响。

三、社会文化理论

(一)社会文化理论的内涵

社会文化理论是研究社会文化现象和社会文化变迁的学科工具,旨在解释社会和文化现象的本质、起源和演化,以及它们对社会和个人行为的影响。社会文化理论不仅关注社会和文化现象本身,还关注社会和文化现象之间的相互作用和影响,以及社会和文化现象对社会和个人行为的影响。

社会文化理论的研究范围广泛,包括社会文化变迁、文化传承、文化创新、文化冲突、文化多样性、文化全球化和文化身份等方面。

1. 以调节为核心的高阶心智功能发展机制

在社会文化理论中,调节是一个至关重要的概念,它位于人类高阶心智功能发展机制的核心地位。为了深入理解这一概念,我们需要先探讨一下社会文化理论的基本观点。

社会文化理论主张,人类与物质世界和符号世界的相互作用并非直接进行,而是间接地,受到文化建构的辅助工具的调节。这些辅助工具是人类在参与文化活动的过程中创造出来的,它们以复杂而具动态的方式与彼此以及心理现象(具有生物基础)进行互动。

文化制品和文化概念并非孤立存在,而是与我们的心理现象紧密相连,共同构成了一个复杂的社会文化环境。在这个环境中,人类的高阶心智功能得以产生和发展。这种发展并非一蹴而就,而是在文化传承和生理遗传的不断互动中逐渐形成的。

为了更好地理解这一观点,可以进一步分析文化制品和文化概念与心理现象之间的相互作用。文化制品,如工具、语言、其他符号等,是人类智慧的结晶,它们不仅帮助我们更好地适应环境,还塑造了我们的思维方式。例如,语言的使用使人们可以将经验、知识传递给后代,从而实现文化的传承。

与此同时,文化概念也对人们的心理现象产生了深远的影响。文化概念是人们对世界的认知和理解,它们不仅影响人们对世界的看法,还塑造了人们的价值观和行为准则。例如,在不同的文化中,对于"尊重""勇气"等概念的理解和表达可能会有所不同,这进一步影响了人们的道德判断和行为选择。

图 2-1 展示了人类与外部世界间接的、被调节的关系。人类通过文化制品、文化概念、文化活动与外部世界进行互动,而这些互动又受到心理现象的调节。这种调节过程不仅塑造了人们的思维方式和行为模式,还推动了高阶心智功能的发展。

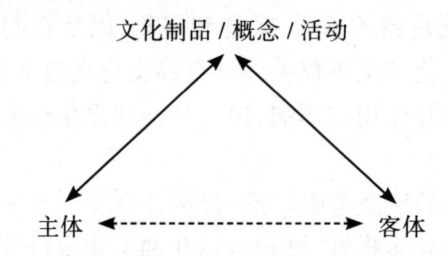

文化制品 / 概念 / 活动

主体 ←------------→ 客体

图 2-1　人类与外部世界间接的、被调节的关系

总之,调节作为社会文化理论中的核心概念,为人们理解人类高阶心智功能的发展提供了重要的视角。深入研究调节与文化、心理现象之间的相互作用,可以更好地理解人类思维的本质和发展过程,为未来的研究和实践提供有益的启示。

正如人类使用各种工具来调控与物质世界的关系一样,人类也利用符号或文化制品来对外调节与物质世界的联系,对内则调节与自我的关系。这一过程展现了人类认知的深入发展,意味着人们逐渐掌握了调控自己心智活动的能力。理解"调节"这一概念,可以洞察人类如何逐步发展出高阶的心智功能。人类与其他动物共享一些生物学基础机制,使得人们都能发展出低阶或自然的心理过程。然而,人类所独有的特质在于,人们将社会、文化形式的调节作用内化为高阶心智功能。这一过程从根本上改变了人们的生物学基础机制,推动了高阶认知的发展。这种发展是人类控制认知、获得自我规约的关键所在。

对于儿童来说,维果茨基的观点指出,他们在成长过程中通过与成人的持续社会互动学会了使用符号工具,特别是语言。这一过程起始于成年人在与儿童共同参与的、有明确目的的活动中使用言语工具。这些言语工具的目的是规约或调节儿童的行为。儿童逐渐学会借用这些工具,并以私语的形式来组织、计划、指导和评价自己的行为。随着儿童逐渐掌握这些言语工具,这些工具逐渐被内化,转化为内部语言,如图 2-2

所示。通过内部语言,儿童能够自我规约他们的心智功能和活动。这一过程涉及从客体规约到他者规约,最终到达自我规约的阶段。自我规约的特点在于,儿童能够利用符号工具进行自我调节。

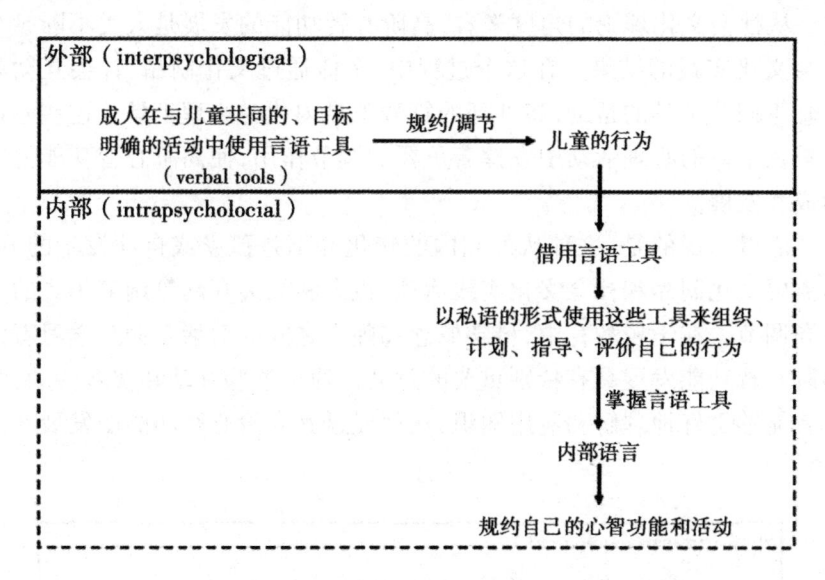

```
外部(interpsychological)
┌─────────────────────────────────────────────┐
│  成人在与儿童共同的、目标    规约/调节         │
│  明确的活动中使用言语工具  ─────────→ 儿童的行为│
│  (verbal tools)                              │
└─────────────────────────────────────────────┘
内部(intrapsycholocial)
                            ↓
                        借用言语工具
                            ↓
                  以私语的形式使用这些工具来组织、
                    计划、指导、评价自己的行为
                            ↓
                        掌握言语工具
                            ↓
                          内部语言
                            ↓
                      规约自己的心智功能和活动
```

图 2-2 儿童高阶心智功能发展的社会文化实践及其调节机制

值得一提的是,符号工具不仅仅局限于语言。它们还包括各种文化制品,如艺术、音乐、数学等,这些都能成为儿童调节自己和连接世界的桥梁。例如,儿童可以通过绘画来表达情感、观察世界和理解自我;通过音乐来调控情绪和创造意义;通过数学来逻辑思考和解决问题。

总之,人类使用符号工具或文化制品来调节与物质世界和自我的关系,这一过程体现了认知的发展。儿童通过社会互动学习使用这些工具,并逐渐将它们内化为自己的心智功能。这种内化的过程改变了人们的生物学基础机制,推动了高阶认知的发展,使人们能够自我规约和控制认知。这一过程不仅揭示了人类心智的复杂性,也为我们提供了理解儿童发展和教育的重要视角。

上述儿童高阶心智功能的发展过程,实际上是人类高阶心智功能发展过程的缩影。在人类的成长过程中,高阶心智功能会经历两次重要的转变,一次是在人际间的互动中,另一次则是在个体的内心世界中。这种从心理间层面到心理内层面的转变,被称为内化。内化是一个复杂的过程,它反映了维果茨基对于个体与环境之间辩证关系的深刻理解。维果茨基坚信，个体的生物学基础和社会在塑造其心理功能方面都是不可或缺的。文化作为一种重要的影响因素，使得每个个体都能超越生物学的限制，实现更高层次的心智功能。

从社会文化理论的角度来看，高阶心智功能的发展是人类不断参与社会文化实践的结果。在这个过程中，个体通过文化制品、社会互动和概念等调节工具的帮助，将外部的符号工具内化为心理工具。这些心理工具在个体的心理活动中发挥着重要的调节作用，使高阶心智功能得以形成和发展。

值得一提的是，这种从外到内的转化并不是孤立或自动发生的，而是需要文化制品和社会文化实践活动、概念和社会互动等调节工具的引导和调节。在学校教育中，科学概念和师生之间的对话互动对学习者的高阶心智功能发展具有特别重要的意义。通过这些互动和实践活动，学习者能够更好地理解和应用知识，从而促进其高阶心智功能的发展。（图2-3）

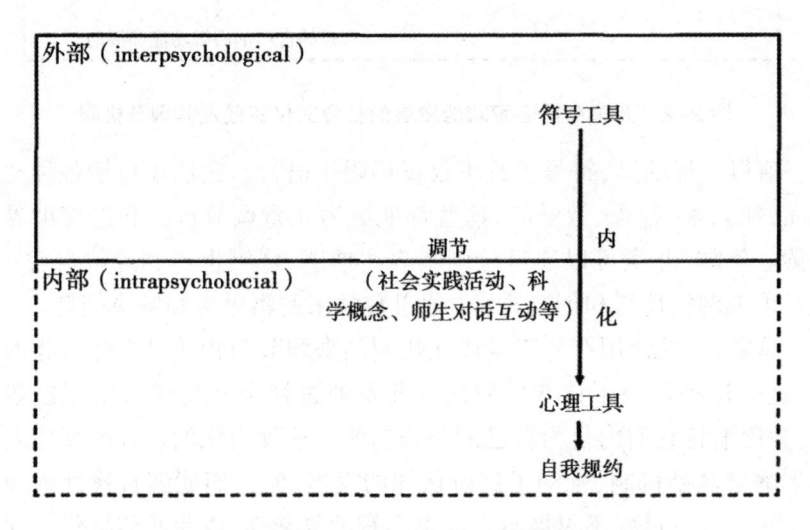

图2-3 学习的社会文化实践及其调节机制

此外，高阶心智功能的发展过程也是一个不断学习和自我规约的过程。在这个过程中，个体需要不断地调整自己的认知和行为方式，以适应不断变化的环境和任务要求。这种自我规约的能力是高阶心智功能的重要组成部分，它使个体能够更好地应对复杂的问题和挑战。

第二章
高校英语教学的理论阐释与发展回顾

2. 社会文化给养对调节机制发挥作用的影响

社会文化理论认为，人类的高阶心智功能，如语言、思维、推理和判断等，是在特定的社会文化历史情境中产生和发展的。这种心智功能的发展受到文化制品和活动、概念以及社会互动的调节。例如，语言作为一种文化制品，是人类交流和表达思想的重要工具，它不仅受到社会文化历史情境的影响，而且其本身也在不断塑造和改变这些情境。

生态学视角也强调了学习情境在人类高阶心智功能发展中的重要作用。学习情境不仅提供了生物体获取和处理信息的环境，而且也塑造了生物体的行为和认知方式。例如，学习情境中的社会互动和竞争，可以促进生物体的适应性和创新性。

社会文化理论和生态学视角都关注学习者和社会文化情境中的物质或符号制品之间的互动和协商。例如，语言作为一种符号制品，其意义是供学习者在特定的社会文化情境中理解和使用的。同样，学习情境中的物质或其他符号制品，如工具、玩具等，也受到学习者的需求和行为的影响。

从社会文化理论与生态学理论相结合的视角来看，学习是被调节的、情境化的活动。学习者的学习等知识获取行为，不仅受到个体自身因素的影响，如智力、兴趣等，而且也受到社会文化情境和生态学因素的影响。例如，学习者在不同的社会文化情境中可能会接触到不同的语言和文化，这将对他们的学习和认知产生深远的影响。

生态学中的给养概念与社会文化理论中的调节概念密切相关。给养是环境为其中的生物体所给予、提供和配置的，无论是积极还是消极的。在自然环境中，当动物协调与环境的关系时，给养被感知、理解并且提供进一步行动的机会。对于不同的生物体而言，环境所提供的给养不同，由生物体的行动、需求以及其对学习者的作用所决定。

吉布森（Gibson）在其理论中提出了一个引人注目的观点，即给养并非主体或客体的特性，而是一种存在于主体与客体之间微妙而复杂的关系。这种观点突破了传统的主客体二元对立框架，为我们理解人类与世界的互动提供了新的视角。

在吉布森的理论中，给养被视为一种意义潜势或行动潜势，这种潜势在人类与物质和符号世界的互动中得以涌现。这种涌现并非偶然，而是基于一系列相互加强的循环过程,包括行动、感知和阐释(图 2-4)。这些过程相互作用、相互影响,共同构建了一个动态、复杂且充满可能性的意义世界。

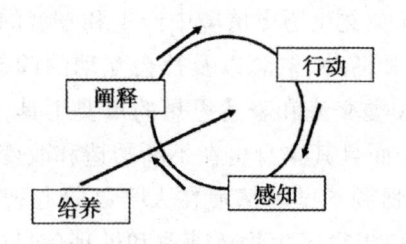

图 2-4 给养与循环过程

要更好地理解这个过程,可以从行动开始。人类通过与环境的互动来感知和理解世界。这种互动不仅仅是简单的刺激—反应模式,而是一种高度复杂、富有创造性的过程。在这个过程中,人们不断地调整自己的行动策略,以适应不断变化的环境需求。这种调整过程本身就是一个不断学习和进步的过程,它使人们能够不断地发掘和创造出新的意义。

感知在这个过程中扮演着至关重要的角色。通过感知,人们能够捕捉到环境中的各种信息,包括物质的和符号的。这些信息不仅为人们提供了认识世界的基础,还提供了行动的指导。感知的过程也是一个不断调整和优化的过程,它使人们能够更准确地理解世界,更有效地应对各种挑战。

阐释则是将感知到的信息转化为有意义的知识的理解过程。这个过程涉及对信息的解读、分析和评价。通过阐释,人们能够理解事物的本质和内在逻辑,把握事物的发展趋势和未来走向。阐释的过程也是一个不断创新和发展的过程,它使人们能够不断地拓展自己的认知边界,探索未知的世界。

从生态学和社会文化理论的视角来看,学习是一个复杂且动态的过程,涉及个体学习者与其所处社会文化环境的深入互动。个体学习者不仅是知识的接收者,更是能动的主体,他们主动感知、阐释学习情境中的调节工具,并导向个性化的学习行动。这种能动性体现了学习过程的社会性和个性化特点。

社会文化给养作为学习过程中的重要元素,是由人工制品所承载的历史、社会或其他文化信息构成的。这些给养与学习者的需求、行动及

第二章 高校英语教学的理论阐释与发展回顾

环境相互匹配,为学习者的认知发展提供必要的养分。由于不同学习者对环境的感知和阐释存在差异,社会文化给养也具有高度的个性化特点。

在学习过程中,个体学习者与其社会文化环境的关系是相互塑造的。环境对学习者的影响并非单向的,而是与学习者的行动、需求以及阐释交织,共同构成学习的动态过程。因此,没有绝对客观的社会文化情境,一切都在个体学习者的感知和阐释中得以呈现。

调节工具作为社会文化情境的核心组成部分,其调节作用也是高度个性化的。学习者根据自身需求、动机和目标,选择性地感知和阐释这些工具,进而实现认知发展的个性化调节。这种调节机制的复杂性和动态性,使社会文化理论对人的高阶心智功能发展具有更强的解释力。

此外,学习文化作为影响学习者理解和参与学习活动的重要因素,同样体现了学习的社会性和个性化特点。不同文化共同体的成员对学习活动的偏好、预期、理解和信念各不相同,这些差异不仅影响学习者的学习动机和目标,也影响他们对调节工具的感知和阐释。因此,在学习过程中,个体学习者需要在尊重自己文化背景的同时,积极与其他文化进行交流与互动,以实现更全面的认知发展。

(二)社会文化理论在高校英语教学中的运用

1. 社会文化理论在高校英语教学中的运用意义

社会文化理论在高校英语教学中的运用意义是多方面的,它不仅提供了一种全新的教学视角,而且也为教师和学生打开了一扇通往更深层次学习和理解的大门。

首先,社会文化理论强调语言与社会的紧密联系,认为语言不仅仅是交流的工具,更是社会文化的载体。这一观点在高校英语教学中具有指导意义。它提醒教师,在教学过程中不仅要注重语言知识的传授,更要注重培养学生的跨文化交际能力,使他们能够在不同的社会文化背景下自如地运用英语。

其次,社会文化理论重视学习者的主体性和能动性,认为学习者是教学活动的积极参与者,而不是被动的接收者。这一观点在高校英语教学中具有实践价值。它鼓励教师采用以学生为中心的教学方法,激发学生的学习兴趣和积极性,使他们能够主动参与到教学活动中来,提高学习效果。

最后,社会文化理论还强调语境的重要性,认为语言的学习和运用都离不开具体的语境。这一观点在高校英语教学中具有指导意义。它提醒教师,在教学过程中要注重语境的创设和运用,帮助学生更好地理解和运用英语。

2. 社会文化理论在高校英语教学中的运用策略

(1)注重文化与语言的内在联系

语言是文化的载体,文化是语言的根基,两者的内在紧密相连、相互作用。地方语言是地方文化的璀璨瑰宝,它承载着历史的沉淀,流淌着当地的民俗风情。因此,高校英语的教学工作不仅要注重对语言知识的传授,更要培养学生对文化背景的深入理解和尊重。

民族语言是文化的重要组成部分,是民族文化的根基。每种民族语言都反映着独特的地方历史演变过程,记录着当地人民的生活习俗、思想观念和精神追求。在学习英语的过程中,了解英语背后的文化背景,对于提高学生的语言运用能力和跨文化交际能力至关重要。

在跨文化交际中,文化与语言之间的关系表现得尤为明显。当双方进行交流时,如果能够对彼此的母语文化有着深入的了解,那么沟通的难度就会相对较小,交流会更为顺畅。反之,如果缺乏对文化背景的了解,很容易产生误解和冲突。因此,高校英语的教学应该注重培养学生对不同文化背景的敏感性和包容性,帮助他们建立跨文化交际的意识和能力。

正是基于这种情况,传播学中衍生出了跨文化交际学这一新兴学科。这一学科将语言、文化、交际进行了有效连接,旨在研究不同文化背景下的交际行为及其规律,为跨文化交际提供理论支持和实践指导。对于高校英语教学来说,将跨文化交际学纳入教学内容,是提高学生综合素质和人才培养质量的重要途径。

(2)确保中华优秀传统文化的给养

在传统英语教学中,教师通常将重心放在培养学生的语言技巧和知识积累上,以确保学生具备扎实的英语基础和流利的口语表达能力。在这一过程中,对于中华优秀传统文化的学习和传承往往被忽视,这在一定程度上限制了学生跨文化交流的能力。为了弥补这一缺陷,教师需要在教学中融入中华优秀传统文化，以提高学生的综合素养，增强他们的文化自信。

首先，将中华优秀传统文化融入英语专业教学，帮助学生更好地理解中西方文化差异。中华优秀传统文化源远流长、博大精深，蕴含着丰富的哲学思想和道德规范。通过学习中华优秀传统文化，学生可以更深入地了解中国人的思维方式和行为习惯，从而在与外国人交流时减少误解和冲突。例如，在学习中国传统节日、习俗和礼仪时，学生可以了解到中国人对家庭亲情和友情的重视，这对于建立和谐的人际关系至关重要。

其次，中华优秀传统文化的学习可以提高学生的综合素质。中华优秀传统文化中蕴含的深厚处世哲学，如儒家思想、道家思想等，对于培养学生的道德品质、审美情趣和创新能力具有积极作用。通过学习这些哲学思想，学生可以树立正确的人生观、价值观和世界观，提高自己的综合素质。同时，中华优秀传统文化中的诗词歌赋、书法绘画等艺术形式，也可以培养学生的审美能力和创造力。

最后，将中华优秀传统文化融入英语教学，还可以起到传播和弘扬中华优秀传统文化的作用。在全球化的背景下，跨文化交流日益频繁，让更多人了解和认同中华优秀传统文化显得尤为重要。在教学中介绍中华优秀传统文化的精髓，可以激发学生的学习兴趣和自豪感，使他们成为传播中国文化的使者。为实现这一目标，教师需要创新教学方法，将中华优秀传统文化与英语教学相结合。例如，组织主题讨论、角色扮演、文化体验等活动，让学生在实践中感受中国文化的魅力。同时，教师还可以利用现代教学技术和多媒体、网络等资源，为学生呈现丰富多样的中国文化内容。

第四节　高校英语教学的发展历程回顾

20 世纪 50 年代起至今，我国的高校英语教学经历了从初创、发展到成熟的漫长历程。在这几十年的发展过程中，高校英语教学不断适应社会的变革和需求，积极进行教学改革，努力提高教学质量，为我国培

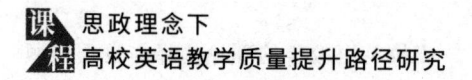

养了大批优秀的英语人才。

一、历史背景与早期发展

我国的高校英语教学历经了漫长而曲折的历程,这一过程中,每一个阶段的教学政策都与国家政治、经济以及国际交流相关。追溯至20世纪五六十年代,那是一个特殊的历史时期,我国的教育体系受到了"向苏联学习"的政策导向的深刻影响。在这样的背景下,俄语成为倍受欢迎的外语,风靡一时。与此同时,英语教育在这一时期则显得相对滞后,甚至一度被边缘化。

在那个年代,许多英语教师由于种种原因转行学习俄语,导致英语教师的数量锐减。这样的情况直接影响了英语教育的质量水平和普及程度。英语作为国际交流的通用语言,在我国教育体系中的地位受到了严重挑战。

然而,历史的车轮总是在不断前进。到了20世纪70年代末,随着我国改革开放的步伐逐渐加快,国际交流日益频繁,英语的重要性被凸显出来。这一时期,英语教学逐渐受到了更多的关注,得到了重视,开始进入起步发展阶段。

在这一阶段,我国的高校英语教学开始逐渐规范化、系统化。教育部门加大了对英语教育的投入,英语教师队伍得到了扩充,教学质量也得到了显著提升。同时,英语教学的内容和方法也不断更新和改进,更加注重培养学生的语言运用能力和跨文化交流能力。

除此之外,我国还积极引进国外的先进英语教学理念和方法,加强与国际英语教育界的交流与合作。这些举措不仅为我国的高校英语教学注入了新的活力,也为培养具有国际视野和跨文化交流能力的人才奠定了坚实基础。

二、改革开放初期的探索与挑战

20世纪70年代末至80年代初,我国英语教学正处于一个承上启下的关键时期。这一时期的英语教学面临着多重挑战,这些挑战源于历史的变迁和教育环境的转变。在此之前,由于长时间以俄语作为主要外语进行教学,许多英语教师的英语教学技能已经逐渐遗忘,需要重新拾起并进一步提升。同时,由于公共英语教学在我国还处于起步阶段,缺乏丰富的教学经验和成熟的教学材料与方法,给当时的英语教学带来了巨大的压力。

为了应对这些挑战,英语教学界在当时的背景下,积极寻求改革与创新,提出了两种主要的教学倾向。第一种倾向是专攻科技英语,旨在培养学生在特定领域的英语应用能力。这一倾向的出现,与我国改革开放初期对于科技人才的需求密切相关。然而,在实际操作过程中,由于教材编写仓促,缺乏系统性,同时学生的英语基础普遍较为薄弱,以致相应做法并未取得理想的效果。尽管如此,它为后来的英语教学改革提供了宝贵的经验和教训。

另一种倾向是强调听说领先,即注重培养学生的听说能力,以适应改革开放后与国际交流的需要。这一倾向的出现顺应了当时国际交流的潮流,也符合语言学习的基本规律。然而,在实际操作中,由于师资力量、教学条件等因素的限制,相应做法也未能完全满足深入交流的需求。尽管如此,它在推动英语教学改革、提高学生英语实际运用能力等方面仍具有积极意义。

在这一时期,英语教学界还积极探索了多种教学方法和手段,如情景教学、任务型教学等,以激发学生的学习兴趣和提升其积极性。同时,也加强了对英语教师的培训,提升了他们的教学水平和专业素养。这些举措都为后来的英语教学改革奠定了坚实的基础。

三、20 世纪 90 年代的快速发展与提升

20 世纪 90 年代,我国英语教学经历了翻天覆地的变化,迎来了前所未有的快速发展期。在这一时期,全国范围内大规模英语轮训活动如火如荼地开展,为英语教师提供了宝贵的学习和交流机会。同时,英语教学理论的逐渐普及也为英语教师提供了更加科学和系统的教学指导。在这些因素的影响下,英语教师的教学水平和理论水平得到了显著提升,为英语教学的进一步发展奠定了坚实的基础。

值得一提的是,随着教学水平的提高,英语教学方法和手段也不断创新。传统的单一阅读教学已经无法满足学生的需求,英语教师开始注重听说并重的综合教学。他们不仅注重学生的语法和词汇积累,还注重培养学生的英语听力和口语表达能力。通过组织丰富多彩的课堂活动,

如角色扮演、小组讨论、演讲等,英语教师为学生提供了更多的实践机会,让学生在轻松愉快的氛围中学习英语,提高了学生的学习兴趣和积极性。

此外,英语教师还注重培养学生的英语综合应用能力。他们鼓励学生通过阅读英文原著、观看英文电影、参加英语角活动等方式,拓展学生的英语输入渠道,提高学生的英语语感。同时,英语教师还注重培养学生的英语输出能力,组织各种英语竞赛和演讲活动,让学生有机会展示自己的英语才华。这些举措不仅提高了学生的英语综合应用能力,还为学生未来的学习和职业发展奠定了坚实的基础。

四、21世纪至今的改革与创新

进入21世纪,全球化的浪潮席卷全球,信息技术的迅猛发展更是为这一进程注入了强大的动力。在这样的时代背景下,英语作为世界通用语言的重要性日益明显,成为连接不同文化、不同国家的重要桥梁。为了适应这一时代变迁,我国的英语教学也迎来了前所未有的改革与创新。

2004年,我国教育部颁布了《大学英语课程教学要求(试行)》,标志着我国英语教学进入了一个崭新的阶段。该要求明确提出了要培养学生的英语综合应用能力,特别是听说能力,将其放在了首位。这一改革举措旨在培养出一批既具备扎实语言基础,又能流利交流的新时代英语人才。

为了推动这一改革落地生根,教育部还积极召开了多次英语教学改革研讨会等会议,邀请了国内外英语教学领域的专家学者共同探讨英语教学的发展方向和改革路径。这些会议为英语教学改革提供了宝贵的思路和建议,推动了我国英语教学向更高水平迈进。

在改革过程中,教育工作者不断探索和尝试新的教学方法和手段,如多媒体教学、网络教学等,以激发学生的学习兴趣和提高学习效率。多媒体教学通过图像、声音、动画等多种形式,使英语教学更加生动有趣,增强了学生的学习体验。网络教学则为学生提供了更为广阔的学习空间,吸引其投入更多的学习时间,使他们能够随时随地进行英语学习,进一步提升了英语学习的便利性和灵活性。

同时,改革加强了对英语教师的培训和考核,以确保他们具备足够

第二章
高校英语教学的理论阐释与发展回顾

的教学能力和专业素养。教师是英语教学改革的中坚力量,他们的素质和能力直接影响着教学质量和效果。因此,国家不断加大对英语教师的培训力度,提升他们的教学水平和专业素养。同时,国家还建立了完善的考核机制,对英语教师的教学质量进行定期评估和反馈,激励他们不断提升自己的教学水平和能力。

除了教学方法和教师队伍,改革还注重英语教学内容的更新和优化。随着全球化的深入发展,英语教学内容也需要与时俱进,紧跟时代的步伐。积极引进国外先进的英语教学资源,结合国内实际情况,开发出更加符合时代需求的英语教材和教学内容。同时,注重培养学生的跨文化交流能力,让他们在英语学习中更好地理解和融入不同的文化背景。

经过多年的改革和创新,我国的英语教学已经取得了显著的成效。学生的英语综合应用能力得到了大幅提升,他们在国际交流、学术研究、职场竞争等方面展现出了更加自信和专业的形象。同时,我国的英语教学质量和水平也得到了国际社会的广泛认可和称赞。

展望未来,我国英语教学仍面临着诸多挑战和机遇。一方面,随着全球化进程的深入推进和对国际化人才的质量要求不断提高,英语教学需要更加注重培养学生的综合应用能力和跨文化交际能力。另一方面,随着信息技术的快速发展和新型教育模式的不断涌现,英语教学也需要不断创新和变革以适应时代的需求。因此,需要继续加强英语教学研究和改革,探索更加科学有效的教学方法和手段,加强与国际先进教育理念和模式的交流与借鉴,以提升我国英语教学的整体水平和国际竞争力。

总之,高校英语教学的发展是一个不断探索和创新的过程。面对未来的挑战和机遇,需要保持开放的心态和进取的精神,不断推动英语教学的发展和进步。

第三章　课程思政理念下高校英语教学质量提升的必要性与紧迫性

提升高校英语教学质量，不仅关乎学生的个人发展，也关系到国家未来的国际竞争力。课程思政理念的融入为高校英语教学质量的提升提供了新的契机。传统的英语教学往往只注重语言知识和技能的培养，而忽视了语言背后所蕴含的文化和价值观。课程思政理念强调在语言教学中融入思想政治教育，让学生在学习语言的同时了解和认同本国的文化和价值观，增强民族自豪感和文化自信。在这种理念下，高校英语教学需要更加注重学生的全面发展，不仅要提高学生的英语水平，还要培养学生的跨文化交流能力和国际视野。同时，教师也需要不断更新教学理念和方法，注重启发式教学和情景教学，让学生在真实的语境中学习和运用英语，提高语言应用能力和综合素质。

第三章
课程思政理念下高校英语教学质量提升的必要性与紧迫性

第一节 提升英语教学质量对培养新时代人才的重要性

提升英语教学质量对培养新时代人才的重要性不容忽视。随着全球化的进程不断加速，英语作为国际交流的主要语言已经成为新时代人才必备的核心能力之一。

一、较高的英语教学质量可以帮助学生更好地理解和融入国际社会

在这个连接日益紧密的世界中，不同文化之间的交流与合作变得越发频繁和重要。具备良好的英语沟通能力，可以使人才在跨国企业、国际组织以及其他的各类国际事务中更加游刃有余，有效促进国际的合作与交流。

需要明确的是，较高的英语教学质量不仅仅意味语言知识的灌输，更包括语言技能的训练和跨文化意识的培养。这意味着在英语教学中，除了教授学生语法、词汇等基础知识外，还需要注重培养学生的听、说、读、写等语言技能，以及培养他们对不同文化的敏感性和包容性。

良好的英语沟通能力对于个人在国际舞台上的发展具有重要影响。在跨国企业、国际组织以及其他的各类国际事务中，英语通常作为工作语言，具备良好的英语沟通能力可以使人才在这些领域更加游刃有余。例如，在国际商务谈判中，能够流利、准确地表达自己的观点和意图，往往能够赢得合作伙伴的信任和尊重，从而有效促进合作的达成。

此外，英语作为全球通用语言，也是获取国际信息、了解世界动态的重要途径。具备良好的英语阅读能力，可以使学生更方便地获取国际新闻、学术论文等资源，拓宽他们的视野，增强他们的国际竞争力。

英语教学还承载着培养具有国际视野和跨文化交际能力的人才的使命。在全球化背景下，不同文化背景者之间的交流与合作日益频繁，培养具有跨文化交际能力的人才显得尤为重要。通过英语教学，学生可以接触到不同国家的文化、历史和价值观,增强他们的文化敏感性和包容性,能为未来的国际交流与合作打下坚实基础。

二、高质量的英语教学对于提升学生的综合素质和创新能力具有重要意义

英语教学不仅仅是语言知识的传授,更是跨文化思维、批判性思维和创造力的培养过程。通过深入学习英语,学生可以接触到更广阔的知识领域,激发创新思维,提升解决问题的能力,为新时代的发展提供源源不断的动力。

英语教学中的跨文化思维培养,使学生能够在语言学习的过程中,逐渐理解并批判性接纳不同的文化背景和价值观。这种理解和接纳,有助于他们更好地进行国际交流,减少文化冲突,增进相互理解。

同时,批判性思维的培养也是英语教学的重要任务。通过分析和讨论英语文章,学生可以学会独立思考,对信息进行筛选和判断,形成自己的见解。这种批判性思维不仅有助于他们在学业上取得成功,更能在他们未来的职业生涯中发挥重要作用。

此外,英语教学还能激发学生的创造力。通过写作、口语表达等活动,学生可以发挥想象力,创造出富有新意的作品,这种创造力本质上是推动社会进步和发展的重要力量。

三、英语教学质量的提升是我国教育改革的重要一环

在新时代背景下,我国正积极推进教育现代化,致力于培养具有国际视野和竞争力的人才。提高英语教学质量,既是响应国家教育政策的需要,也是培养新时代人才的必由之路。

我国的教育现代化战略旨在培养出一批批具备全球竞争力的人才。在这样的背景下,英语教学质量的提升显得尤为重要。优质的英语教学能够帮助学生更好地掌握英语语言技能,为他们在国际舞台上展现自我、实现自我价值提供坚实的支撑。同时,这也是对我国教育改革成果的有力证明。

要实现英语教学质量的提升,首先要从教师队伍建设入手。优秀的英语教师是提升教学质量的关键。他们不仅需要具备扎实的英语语言

第三章 课程思政理念下高校英语教学质量提升的必要性与紧迫性

知识,还需要具备先进的教学理念和方法。因此,加强英语教师培训,提升他们的专业素养和教学能力,是提高英语教学质量的重要保障。

其次,教学资源的丰富和教学方法的创新是提高英语教学质量的重要途径。通过引入先进的教学设备和技术,如智能教学平台、在线学习工具等,为学生提供更加多元化、个性化的学习体验。同时,结合学生的实际情况,创新教学方法,如情景教学、项目式学习等,激发学生的学习兴趣,提高他们的学习效果。

最后,加强英语教学评价体系的改革是提高英语教学质量的重要手段。建立科学的评价体系,可以更加全面地评估学生的英语水平和学习能力,为教学提供有力的反馈和指导。同时,这也能够激发学生的学习积极性,促进他们更好地掌握英语知识和技能。

总之,提高英语教学质量是我国教育改革的重要一环。在新时代背景下,我们应该积极响应国家教育政策,加强英语教师队伍建设,丰富教学资源和方法,改革英语教学评价体系,全面提升英语教学质量。只有这样,才能培养出更多具有国际视野和竞争力的人才,为我国未来的发展注入新的活力和动力。

第二节　课程思政理念与英语教学质量提升的内在联系

随着全球化的进程加速,英语已经成为国际交流的通用语言。在中国,英语教育作为基础教育的重要组成部分,其重要性不言而喻。然而,传统的英语教学模式往往过于注重语言知识的灌输,而忽视了语言与文化、思想、价值观等方面的内在联系。在这样的背景下,把握课程思政理念与英语教学质量提升的内在联系就显得尤为重要。

课程思政理念强调将思想政治教育融入各类课程中,实现知识传授与价值引领的有机结合。在英语教学中,融入课程思政理念,不仅可以帮助学生更好地理解和应用英语知识,还可以培养学生的跨文化交流能力和全球视野。这种教学模式的变革对于提升英语教学质量具有重要的推动作用。

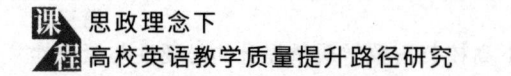

一、课程思政理念能够帮助学生建立正确的文化观

在全球化的当今世界中,英语作为一门国际通用语言,已经成为学习和交流的重要工具。然而,语言不仅仅是一个交流的工具,它还承载着丰富的文化和思想。在这种背景下,课程思政理念能在英语学习中发挥重要的作用,它有助于学生建立正确的语言观,进一步提高他们的语言理解和应用能力。

课程思政理念强调的是在知识传授的过程中融入德育、智育、体育、美育等多方面的教育,以达到全面育人的目标。在英语教学中,这一理念的具体体现就是让学生在掌握语言技能的同时理解不同文化背景下的思想和价值观。

通过学习英语,学生可以接触到来自世界各地的文化、历史、社会习俗等方面的知识。这些知识不仅拓宽了学生的视野,也让他们对语言背后的文化有了更深入的了解。然而,在这个过程中,学生可能会遇到一些与自己价值观不符的思想和观念。这时,正确的引导就显得尤为重要。

教师作为学生学习的引导者和指导者,应该在教学中注重培养学生的跨文化意识,引导他们理性看待不同文化之间的差异。同时,教师还可以通过讲解一些具有代表性的文化现象或历史事件,让学生更深入地了解不同文化背后的价值观和思想。

此外,课程思政理念还强调了学生的主体性和实践性。在英语教学中,这意味着学生应该积极参与到语言实践中去,通过真实的交流和应用来加深对语言的理解。例如,教师可以组织学生进行角色扮演、小组讨论等互动活动,让学生在实践中感受不同文化背景下语言的使用方式和沟通技巧。

二、课程思政理念能够提升学生的跨文化交流能力

在全球化的背景下,跨文化交流能力已经成为人才素质的重要指标。将思想政治教育融入英语教学,可以帮助学生更好地理解不同文化之间的差异和共同点,提升他们的跨文化交流能力,从而更好地适应全球化的趋势。

第三章 课程思政理念下高校英语教学质量提升的必要性与紧迫性

首先,课程思政理念强调对多元文化的尊重与包容。通过学习英语,学生可以接触到来自不同国家和文化背景的知识和其他信息。在这个过程中,思政教育能够引导学生以开放、包容的心态去理解和接纳这些差异,从而增强他们的跨文化交流能力。

其次,课程思政理念注重培养学生的思辨能力和批判性思维。在英语教学中,学生不仅需要掌握语言知识,还需要学会运用这些知识去分析、评价不同文化背景下的现象和问题。通过思政教育的引导,学生可以更加深入地思考这些问题,形成自己的见解和判断。

最后,课程思政理念还强调培养学生的国际视野和全球意识。在全球化的背景下,具备国际视野和全球意识的人才更具竞争力。通过英语课程中的思政教育,学生可以更加全面地了解世界各国的政治、经济、文化等方面的发展,增强他们的全球意识,为未来的国际交流与合作做好准备。

三、课程思政理念能够促进英语教学质量的提升

在传统的英语教学模式下,学生往往只是被动地接受知识,通过死记硬背和机械训练来提高考试成绩。这种教学方式忽视了学生在学习过程中的主体性和实践性,导致学生的学习兴趣低下,学习效果不尽如人意。然而,当我们在英语教学中融入课程思政理念后,情况就发生了显著的变化。

首先,课程思政理念强调学生在学习过程中的主体地位,鼓励学生主动思考和探索。通过设计富有启发性的教学活动,教师可以激发学生的学习兴趣,引导他们主动参与到英语学习中来。

其次,课程思政理念注重培养学生的实践能力和创新精神。通过组织各种实践活动和创新性项目,教师可以帮助学生将所学知识转化为实际能力,从而提高他们的英语应用水平。

最后,课程思政理念还强调英语教学与思想政治教育的有机结合。在英语教学中,教师可以通过挖掘英语教材中蕴含的思想政治教育元素,引导学生树立正确的世界观、人生观和价值观。这种有机结合不仅有助于提升学生的英语素养,还有助于培养他们成为具有高尚品德和社会责任感的人才。

第三节 当前形势下提升英语教学质量的紧迫性

随着全球化进程的加速,英语已成为国际商务、科技等领域交流的通用语言。在我国,英语教育地位日益重要,从基础教育到高等教育,英语教学已成为国家教育政策的重要涉及内容。然而,当前我国英语教学质量仍有待提高。提升英语教学质量具有重要意义,也显得尤为紧迫。

首先,提升英语教学质量对于提高国民素质具有重要意义。英语是国际通用语言,学好英语有利于拓宽国际视野、增强跨文化交际能力。当前,我国正面临经济转型升级、科技创新等国家战略的实施,需要大量具备国际竞争力的复合型人才。提升英语教学质量有助于培养具有国际视野、具备跨文化沟通能力的人才,为国家发展作出贡献。

其次,提升英语教学质量有利于提高学生的综合素质。英语教学不仅仅是语言技能的培养,更是对学生思维方式的启迪、文化素养的熏陶。在英语教学过程中,教师应注重培养学生的批判性思维、创新意识、团队合作精神等,使学生具备全面的素质。

最后,提升英语教学质量对于应对国际竞争具有现实意义。在全球化的背景下,英语已成为国际竞争的重要工具。我国在国际事务中扮演着越来越重要的角色,英语能力成为衡量国家软实力的重要指标。因此,提高英语教学质量有助于增强我国在国际竞争中的地位。

然而,提升英语教学质量并非易事,需要政府、学校、教师、家长以及社会各方面的共同努力和配合。

一、政府应当发挥其在教育事业中的引领作用

政府在教育事业中的引领作用不可忽视。特别是在英语教育这一关键领域,政府的投入和引导显得尤为重要。英语作为全球通用语言,不仅在日常交流、国际商贸中发挥着重要作用,也是国家竞争力的重要体

第三章 课程思政理念下高校英语教学质量提升的必要性与紧迫性

现。因此,政府应当站在战略的高度,全面规划和推动英语教育的发展。

第一,为了确保每一个学生都能获得高质量的英语教育,政府应该大幅度增加对英语教育的投入,包括资金、人力和物力等各方面的支持。通过设立专项基金、优化教育资源配置、推动教育信息化建设等方式,政府可以为英语教育的普及和提升提供坚实的物质基础。

第二,政府在优化教育资源配置方面也应发挥积极作用,包括平衡城乡教育资源、关注弱势群体、推动教育公平等。政府可以通过制定相关政策,引导社会力量参与英语教育,扩大优质教育资源的覆盖范围,让更多的学生受益。

第三,英语教师是英语教育的关键因素。他们的教学水平和专业素养直接影响着学生的英语学习效果。因此,政府应加强对英语教师的培训和考核,提高他们的业务能力和教育教学水平。可以通过举办定期的培训班、引进优秀的外籍教师、建立教师评价体系等方式实现。

第四,政府还应关注英语教学方法和内容的创新。随着时代的进步和科技的发展,英语教育的方法和手段也在不断更新。政府应鼓励和支持学校开展英语教学改革,探索适合学生发展的教学模式和课程内容。同时,政府还可以与高校、科研机构等合作,共同研发英语教育的新技术、新方法和新资源。

二、学校作为英语教学的主要场所,需要积极地进行改革和创新

在当前全球化的背景下,英语已经成为国际交流的通用语言。学校作为英语教学的主要场所,肩负着培养学生英语能力的重任。然而,传统的英语教学模式往往注重知识的灌输,而忽视了学生兴趣和需求的培养。因此,为了更好地适应时代的发展,学校需要积极地进行英语教学的改革和创新。

首先,学校应该改革传统的英语教学模式。传统的英语教学模式往往采用填鸭式的教学方法,学生被动地接受知识,缺乏主动性和参与性。因此,学校应该采用更加灵活多样的教学方法,如情景教学、合作学习、任务型教学等,以激发学生的学习兴趣和需求。同时,学校还应该注重培养学生的自主学习能力,让他们能够主动地探索英语知识,提高自己的英语水平。

其次,学校应该加强英语实践教学。英语学习的最终目的是运用英

语进行交流。因此,学校应该注重英语实践教学,让学生在实践中掌握英语知识和技能。例如,学校可以组织英语角建设、英语演讲比赛、英语戏剧表演等活动,让学生在实践中锻炼自己的英语口语和表达能力。此外,学校还可以与企业合作,开展英语实习项目,让学生在实践中掌握英语应用技能,提高自己的英语应用能力。

最后,学校还应该注重学生在英语教育中的全面发展。除了课堂教学外,学校还可以通过开展英语文化体验活动、英语课外阅读等方式,拓宽学生的英语视野,提高他们的英语文化素养。同时,学校还应该注重英语教育的个性化发展,针对不同学生的需求和特点,提供个性化的英语教育方案,让每名学生都能够得到适合自己的英语教育。

三、教师需要在英语教学中不断提升自我

在英语学习的世界里,教师扮演着至关重要的角色。他们不仅是知识的传递者,更是学生语言技能提升的重要引导者。因此,教师应该不断提升自身素质,掌握先进的教育理念,关注学生的个体差异,因材施教,以确保学生在英语学习中不断进步。

首先,教师较好的素质是英语教学成功的基石。一个优秀的英语教师,不仅需要具备扎实的语言基础,还需要掌握先进的教育理念和教学方法。他们应该具备创新精神,勇于尝试不同的教学方法和手段,以激发学生的学习兴趣和积极性。同时,他们还应该具备耐心和爱心,关注每一个学生的学习情况,及时给予指导和帮助。

其次,关注学生的个体差异,因材施教,是英语教学中的关键。每名学生都有自己独特的学习方式和节奏,教师应该尊重这些差异,根据学生的实际情况进行教学。例如,对于英语基础较差的学生,教师可以采用更为基础的教学方法,帮助他们打好语言基础;而对于英语基础较好的学生,教师可以引导他们进行更高层次的语言学习和应用。

最后,教师应该注重培养学生的英语听、说、读、写能力。这四种技能是英语学习的基础,掌握其高阶技能也是英语学习的目标。教师应该通过丰富多样的教学活动,如角色扮演、情景对话、阅读理解等来提高学生的英语听、说、读、写能力。同时,教师还应该鼓励学生多参与英语实践活动,如英语角的相关活动、英语演讲比赛等,以提升学生的英语应用能力。

第四章　课程思政理念下高校英语教学质量提升的理念

在当前高等教育变化发展的大背景下,提升英语教学质量成为摆在我们面前的一项重要任务。特别是在课程思政理念的指导下,应该思考如何将思政教育与英语教学相结合,以更好地培养学生的综合素质,具体来说,需要坚持如下理念,如以学生为中心,实施分层教学、项目式教学、自主学习、体验式学习,构建智慧课堂等,只有不断探索和实践,才能找到适合学生的最佳教学方式,培养出更多优秀的人才,为社会的发展和进步作出贡献。

第一节 坚持以学生为中心的教学理念

在课程思政理念下,高校英语教学坚持以学生为中心的教学理念,旨在培养学生的英语语言能力、跨文化交际能力和综合素质,同时注重引导学生形成正确的世界观、人生观和价值观。这种教学理念强调学生的主体性和主动性,让学生成为教学过程中的积极参与者和主导者。本节就对这一理念展开分析。

一、"以学生为中心"教育理念的提出与发展

20世纪初,美国教育学家杜威深受人本主义思想启迪,提出了影响深远的"儿童中心"理论。这一理论强调教育应围绕学生展开,尊重并激发学生的兴趣,鼓励师生在兴趣的驱动下合作,从而自主构建知识体系。这一革命性的观点为现代教育理念奠定了坚实的基础,推动了教育领域的深刻变革。

随着信息技术的突飞猛进,教育领域也迎来了前所未有的发展机遇。学者们逐渐认识到,教育的对象不应局限于儿童,而应扩展到所有学习者。在这一背景下,1969年,卡尔·罗杰斯提出了更具前瞻性的"以学生为中心"的教育理念。[1]他强调,教育的目标应该是培养能够适应社会变化、具备自主学习能力的人。在这一理念下,学生成为学习的真正主体,而教师的角色则转变为学习环境的创设者、学习技能的指导者以及学习过程中的互动伙伴。罗杰斯还指出,一种充满支持、富有建设性的课堂气氛和良好的师生关系对于学习至关重要,有时甚至超越了具体的教学方法和技术。[2]

---

[1] 方展画.罗杰斯"学生为中心"教学理论述评[M].北京:教育科学出版社,1990.

[2] 刘萍.对罗杰斯"学生为中心"教学思想的再思考[J].江苏教育学院学报(社会科学版),2003(03):23-25.

第四章
课程思政理念下高校英语教学质量提升的理念

在我国,对"以学生为中心"的教育理念的研究起步较晚,但发展势头迅猛。自20世纪90年代开始,赵堪培等学者便针对传统"以教师为中心"的英语口语教学模式提出了批评,认为这种模式不仅不利于培养学生的口语交际和跨文化交际能力,反而可能抑制学生的主观能动性和创新精神。因此,他们积极倡导教师应更新教学观念,树立"以学生为中心"的教学信念。[①]

随着教育教学改革的深入推进,越来越多的学者和教育工作者开始接纳并实践这一先进的教育理念。刘献君强调,教育应彻底转变以"教"为中心的传统观念,将重心转移到学生上来。他们主张摒弃传统的"课堂、教师、教材"三个中心,建立以"学生、学习、学习过程"为核心的新型教学模式,以满足学生的个性化需求,实现发展目标。[②]

高校英语教育作为高等教育的重要组成部分,在践行"以学生为中心"的教育理念方面肩负着重要使命。夏纪梅指出,高校英语教学不仅要注重语言基础知识的传授,更要关注学生综合素质的提升和跨文化交际能力的培养。[③]在这一背景下,"以学生为中心"的教育理念得到了更为广泛的认同和应用。

为了响应这一理念,美国西拉姆学院于2017年率先提出了"新文科"概念,旨在打破专业壁垒,推动跨学科学习,对文科专业进行重组。随后,我国的新文科建设也蓬勃开展,"互联网+"教育成为推动教育改革的重要力量。在这一背景下,具有创新精神和跨界整合能力的复合型人才成为社会的迫切需求。"以学生为中心"的教育理念与新文科建设的目标高度契合,为高校英语教育的创新发展提供了有力的理论支撑和实践指导。

因此,高校英语教育必须加快转向"以学生为中心"的新理念,注重培养学生的自主学习能力、创新精神和跨文化交际能力。同时,教师也应不断提升自身专业素养和教育教学能力,以适应新时代教育改革和发展的要求。只有这样,才能培养出更多适应社会发展需要的高素质英语人才。

[①] 赵堪培.以学生为中心提高口语教学质量[J].西安外国语学院学报,2000(02):81-83.
[②] 刘献君.论"以学生为中心"[J].高等教育研究,2012,33(08):1-6.
[③] 夏纪梅.现代外语课程设计理论与实践[M].上海:上海外语教育出版社,2003.

二、课程思政理念下高校英语教学中坚持以学生为中心的框架结构

在课程思政理念下,高校英语教学中以学生为中心的教学理念显得尤为重要。这种理念强调学生在教学过程中的主体地位,注重培养学生的自主学习能力和综合素质,以达到更好的教学效果。

首先,以学生为中心的教学理念要求教师在教学过程中充分尊重学生的个性差异和学习需求。教师应该关注学生的学习情况,了解他们的兴趣爱好和学习特点,从而设计出更符合学生需求的教学内容和方式。同时,教师还应该注重激发学生的学习兴趣和动力,让他们在学习过程中保持积极的态度和主动的精神。

其次,以学生为中心的教学理念强调学生的自主学习和合作学习能力。教师应该引导学生主动参与到教学过程中来,鼓励他们自主学习、探究和发现问题,培养他们的创新思维和解决问题的能力。同时,教师还应该注重培养学生的合作学习能力,让他们学会与他人合作、交流和分享,从而更好地适应未来的社会和职业发展形势。

最后,以学生为中心的教学理念要求教师在教学过程中注重培养学生的综合素质。除了语言知识本身,教师还应该注重培养学生的跨文化交际能力、批判性思维能力和创新能力等综合素质。这些素质的培养不仅有助于提高学生的英语水平,还能够让他们在未来的职业和社会生活中有所作为和有竞争力。

第二节 注意学生差异,实施分层教学

课程思政理念下的高校英语教学注意学生差异、实施分层教学策略是十分必要的。这不仅有助于适应学生的个性化需求,提高教学效果和学生的学习成果,还能更好地培养学生的综合素质和能力,为他们的未来发展奠定坚实的基础。因此,在实际的教学过程中,应该充分注意到学生的差异,灵活运用分层教学策略,为每一个学生提供最适合他们的

第四章 课程思政理念下高校英语教学质量提升的理念

教学方案。

一、英语教学中学生差异的存在

在英语教学中,学生之间存在差异是一个不可忽视的现象。这些差异可能源于学生的背景、学习环境、学习方法、个性特点等多个方面。为了更有效地进行英语教学,教师需要深入了解这些差异,并采取相应的教学策略。

首先,学生背景的差异是英语教学中不可忽视的一部分。来自不同文化、经济和社会背景的学生,在英语学习中可能表现出不同的优势和面临不同的挑战。例如,一些学生可能由于家庭的英语氛围较好,从小就得到了大量的英语输入,因此在口语和听力方面表现出色。另一些学生可能由于家庭经济条件有限,缺乏英语学习的资源和机会,导致他们在英语学习中起步较慢。

其次,学习环境的差异会对学生的英语学习产生影响。在不同的学习环境中,学生接触到的英语输入和输出的机会各不相同。例如,在城市学校中,学生可能有机会参加各种英语角或英语演讲比赛等活动,这些活动为他们提供了丰富的英语实践机会。在农村学校中,由于缺乏相应的资源和设施,学生可能只能在课堂上接受有限的英语教学。

再次,学习方法是导致学生差异的重要因素之一。不同的学生有不同的学习风格和偏好。一些学生可能更善于通过阅读来学习英语,而另一些学生则可能更喜欢通过听力和口语练习来提高英语水平。因此,教师需要灵活调整教学策略,以满足不同学生的学习需求。

最后,个性特点也是导致学生差异的重要因素之一。每名学生都有自己独特的性格和兴趣爱好,这些因素可能会影响他们在英语学习中的表现和兴趣。例如,一些学生性格开朗、善于交际,他们在英语学习中可能更容易融入课堂、积极参与讨论;另一些学生性格内向、害羞,他们在英语学习中可能更需要教师的鼓励和引导。

针对这些差异,英语教师应该采取多种教学策略来应对。首先,教师可以通过问卷调查、访谈等方式了解学生的背景和学习需求,以便为他们量身定制合适的教学计划。其次,教师可以利用多媒体、网络等现代教学工具,为学生创造多样化的学习环境,提供丰富的英语输入和输出机会。此外,教师还可以组织各种英语实践活动,如角色扮演、小组讨论等,以激发学生的学习兴趣和积极性。

总之,学生存在差异是英语教学中不可避免的现象。教师需要深入了解这些差异,并采取相应的教学策略来应对。只有这样,才能真正实现个性化教学,提高英语教学效果,帮助每名学生充分发挥自己的潜力。

二、高校英语分层教学的实施

(一)分层教学的内涵与特点

在当今教育环境中,学生的知识基础、智力因素和非智力因素都存在明显的差异。为了更有效地应对这些差异,分层教学这一教学方法应运而生。特别是在高校英语教学中,分层教学显得尤为重要。

高校英语分层教学的实施旨在满足不同学生的个性化需求,提升英语教学质量。在传统的教学模式中,英语教师往往采用一刀切的教学方法,忽略了学生的英语水平和学习能力的差异,导致部分学生无法跟上教学进度,失去学习兴趣。而分层教学能够根据学生的英语水平和学习能力,将学生分为不同的层次,针对不同层次的学生制订不同的教学计划,形成不同的教学内容,使每名学生都能够在适合自己的教学环境中学习英语,提高学习效果。

1. 差异性

每名学生都是独一无二的,他们来自不同的背景,拥有不同的学习经历和英语基础。教师在实施教学时,必须充分考虑到学生的这些差异。只有当教师真正了解和尊重这些差异,才能制订出更符合学生需求的教学方案。高校英语分层教学强调的是对学生个体差异的尊重和解决,确保每名学生都能得到适合自己的教育。

2. 多样性

为了满足不同学生的需求,高校英语分层教学必须体现出多样性。这既体现在对教学内容和方法的选择上,也体现在对学生英语技能的培养上。例如,针对不同学生的英语水平,教师可以设计不同难度的教学任务;针对不同学生的学习风格,教师可以采用多样化的教学手段。同时,英语教学不仅要求学生掌握基础知识,还要培养他们的跨文化交际能力。这意味着每位学生在每一种能力的发展上都有可能存在差异,教师需要灵活应对,确保每名学生都能得到充分的发展。

3. 针对性

在高校英语分层教学中,针对性是其核心特点之一。这意味着教师需要深入了解每名学生的个性需求,为他们提供个性化的帮助和指导。这种针对性不仅体现在教学内容的选择上,还体现在教学方法和评价手段的运用上。例如,对于英语基础较差的学生,教师可以采用更为基础的教学内容和方法;对于英语基础较好的学生,教师可以设计更具挑战性的任务,以激发他们的学习潜能。同时,这种针对性也是对一刀切教学模式的否定,它要求教师从学生的个性、能力等出发,制订更符合他们需求的教学方案。

4. 交际性

语言学习的最终目的是能够进行跨文化交际。在高校英语分层教学中,交际性是其不可忽视的一个重要方面。这主要体现在四个方面:一是通过课堂教学让学生掌握大量的英语文化知识;二是通过阅读英文资料实现跨文化的书面交际功能;三是通过面对面的对话交流锻炼学生的实际交际能力;四是在坚守中国文化的基础上向外推广中国文化,实现文化的双向交流。这种交际性不仅要求学生掌握语言知识,还要求他们了解不同文化背景下的交际规则和习惯,从而培养出真正的跨文化交际能力。

(二)课程思政理念下高校英语分层教学的实施

课程思政理念下高校英语分层教学的实施,旨在通过差异化的教学策略,满足学生个性化的学习需求,同时融入思政元素,培养学生的综合素质和社会责任感。在实施过程中,应注重以下几个方面。

1. 要科学合理地划分学生层次

在当今教育环境下,为了更有效地促进学生的发展,必须科学合理地划分学生层次。这种划分不是简单的分班,而是基于学生的英语水平、学习兴趣、学习动力等多个维度,对学生进行综合评估,从而将学生划分为不同的层次。这样,针对不同层次的学生可以制订更为贴切的教学计划和教学目标,使每名学生都能在适合自己的学习环境中取得进步。

首先,考虑学生的英语水平。英语作为一门国际通用语言,对学生的未来发展具有重要意义。因此,根据学生的英语水平进行层次划分,有助于针对不同层次的学生提供更为精准的教学。对于英语基础较好的学生,可以设置更高层次的教学目标和内容,如深度阅读、高级写作等;对于英语基础较弱的学生,需要注重基础知识的巩固和基本技能的培养。

其次,考虑学生的学习兴趣和学习动力。兴趣是最好的教师,对于学习来说,学生的兴趣和学习动力至关重要。通过对学生的兴趣和动力进行评估,可以将学生划分为不同的层次,并为每个层次的学生提供他们感兴趣的学习内容和教学方式。这样,不仅能激发学生的学习兴趣,还能提高他们的学习动力,使他们更加主动地投入到学习中。

2. 要设计多元化的教学内容和方法

设计多元化的教学内容和方法是提高英语教学质量的重要途径。融入思政元素,不仅可以培养学生的语言技能,还能增强他们的社会责任感和公民意识。因此,教师应不断探索和创新,为学生提供更加优质、全面的教育服务。

针对英语基础较好的学生,可以设计更具挑战性和深度的教学内容。例如,引入与社会主义核心价值观相关的主题,如"公平正义""诚信友爱"等,让学生在讨论和研究中深入理解这些思政理念,并将其与英语学习相结合。这样的教学方式不仅能提高学生的语言能力,还能培养他们的社会责任感和公民意识。

对于英语基础较为薄弱的学生,可以设计更为基础且实用的教学内容。例如,通过教授与日常生活息息相关的词汇和表达方式,让学生在日常生活中能够运用所学知识解决实际问题。

3. 要注重培养学生的自主学习能力和合作精神

在高校英语分层教学中,应始终坚持课程思政理念,将培养学生的自主学习能力和合作精神融入教学的各个环节。通过鼓励学生积极参

第四章
课程思政理念下高校英语教学质量提升的理念

与课堂讨论、小组合作等活动,激发他们的学习热情,提高他们的英语应用能力,并培养他们的团队合作精神。

首先,在分层教学中,可以根据学生的英语水平和学习兴趣,为他们量身定制不同的学习任务。这样,学生就能根据自己的实际情况,选择适合自己的学习方法和节奏,从而提高学习效率。同时,教师还可以通过引导学生制订学习计划、监控学习进度、反思学习策略等方式,帮助他们逐步培养自主学习能力。

其次,在小组活动中,学生需要学会如何与他人沟通、协作和解决问题。这不仅有助于他们提高英语交流能力,还能培养他们的团队合作精神和人际交往能力。教师在组织小组活动时,应注重培养学生的协作意识和集体荣誉感,让他们明白只有通过共同努力,才能取得更好的成绩。

当然,教师在整个教学过程中也扮演着至关重要的角色。他们需要密切关注学生的学习过程,及时发现学生的问题和困难,并给予及时的指导和帮助。此外,教师还应通过不断反思和改进教学方法,为学生提供更加优质的教学服务,促进他们的全面发展。

4. 要完善评价体系,确保教学质量的持续提升

一个全面、客观且具有深度的评价体系,不仅能够准确反映学生的学习成果,还能够为教学质量的持续提升提供有力的保障。特别是在实施分层教学时,建立完善的评价体系更是至关重要。

评价的目的不仅是为了给学生一个分数或等级,更是为了了解学生的学习状况,发现他们的潜能和问题,以便为他们提供更有针对性的教学支持。因此,评价体系的建立应当基于多元化、全面性的原则,不仅要考查学生的知识掌握情况,还要关注他们的思维能力、创新能力和实践能力等。

评价的方式也应该灵活多样,既要有纸笔测试等传统方式,也要有项目实践、口头报告等创新形式。这样不仅可以更全面地评价学生的综合素质,还能够激发学生的学习兴趣和积极性。评价的标准也应该根据学生的实际情况进行差异化设置,以确保评价的公正性和有效性。

此外,对于教学过程的反思和总结也是提升教学质量的关键环节。在教学过程中,教师应该及时记录学生的学习情况、反馈和表现,分析教学中存在的问题和不足,以便及时调整教学策略和方法。教师还应该积极参与教学研讨和交流活动,分享自己的教学经验和心得,借鉴他人

的优秀做法,不断提升自己的教学水平和能力。

总之,课程思政理念下高校英语分层教学的实施,需要注重科学合理地划分学生层次、设计多元化的教学内容和方法、培养学生的自主学习能力和合作精神,以及完善评价体系等方面。只有这样,才能真正实现因材施教、提高教学效果、培养学生综合素质和社会责任感的目标。

第三节 做学一体,实行项目式教学

随着教育改革的深入,课程思政理念逐渐深入人心,成为高等教育的重要指导思想。在这一背景下,高校英语教学也迎来了新的变革。本节将探讨如何在课程思政理念下,将高校英语教学与做学一体相结合,实行项目式教学,以培养学生的综合素质和英语应用能力。

一、项目式教学法的内涵与特征

项目式教学法是一种以实践为导向的教学方法,其核心在于将学习过程与实际项目紧密结合,让学生在参与具体项目的过程中主动探索、发现问题、解决问题,并通过实际操作达到掌握知识、提升技能的目的。这种教学方法的内涵十分丰富,具有鲜明的特征。

(一)"从做中学"

项目式教学法起源于19世纪中叶欧洲兴起的实用主义。实用主义是一种哲学,强调特定研究目的以及研究活动所具备的实践性。该哲学流派的代表人物约翰·杜威(John Dewey)主张将教育与社会实践、现实生活进行融合,强调"通过行动学习",主张在现实生活中进行真正的探索和实践,不提倡在教室中进行机械式记忆。项目式教学法就是在教师的指导下,将一个相对独立的项目交由学生自己处理,收集信息、设计方案、实施项目,最终评价。学生通过项目实践应用知识和获取知识,因此,实践性是项目式教学法最深刻的内涵。

(二)完成任务/解决问题

项目式教学法是以主题和任务为中心和驱动的教学方式。教师需要根据教学问题设计和制订一个项目的工作任务,即创设学生当前所学习的内容与现实情况基本相接近的情景环境,把学生引入到需要通过某些知识来解决现实问题的情境。在实施过程中,学习者要根据任务或问题进行讨论和思考,设计出具有可执行性的处理方案,用理性审视假设,并展开测试;或者是实施调查研究,联系时代背景、运用相关理论深度解读调查结果,最终提出解决问题的建议。这种探索活动的好处不在于完成任务或是解决问题本身,而在于发现问题所涉及的各种知识和技能,以及对问题某些方面形成更深刻理解。因此,项目是学习的媒介,正确处理和回答项目中的问题可以使学生获取知识,并逐渐习惯独立地解决问题,提升其综合素养。

(三)设计规划

威廉·赫德·克伯屈(William Heard Kilpatrick,1918)沿袭了杜威的实用主义教育思想,提出"设计教学法",目的在于创设问题情境,让学生自己去计划、执行和解决问题。设计教学法被认为是项目式教学法的起源,"设计"是项目式教学法的重要内涵。设计实际上不仅仅是在教师层面(教师需要根据问题设计和制订一个项目任务),更在于完成项目任务的学生,他们需要设计完成任务的方案。设计需要全局视野,在项目式教学模式下,教师和学生都被置于一个更高的层次,从"职员"变成了"总裁",从"士兵"变成了"将军",任务是否能完成,完成的质量如何,都与设计密切相关。正是设计这个实践环节让师生能力得到大幅提升,因此,设计是项目式教学法的另一重要内涵。

(四)"以学习者为中心"

项目式教学法的基本原则就是"以学习者为中心"。在项目式教学框架下,学生是教学活动的主体,教师是引导者,学生在教师的指导下,规划并监控项目进展和结果。项目式教学法与传统教学法大不相同,它强调学生的自学能力、独立解决问题的能力,强调学生在教学过程中的主体地位,以及教师的引导作用。

(五)协作磋商

托马斯(Thomas,1991)界定"项目是一个共同构建和磋商的行动计划,是所有参与者共同磋商的结果"。[1]在项目式教学模式下,通常由教师提出一个或几个项目任务设想,然后和学生一起讨论,最终确定项目的目标和任务;之后,由学生组成的项目组领取任务,通过磋商(包括师生间的磋商,项目组成员间的交流、讨论)制订项目工作计划,确定工作步骤,分配任务,实施计划,最终分工协作,完成项目;完成项目后,师生共同讨论、评判项目工作中出现的问题。因此,协作合作、磋商讨论贯穿项目式教学的全过程,是项目式教学法的重要内涵。

(六)汇报展示

项目小组在教师的指导下完成任务后,要通过撰写研究报告和制作PPT来汇报和展示项目。展示要求学生用流畅的语言、清晰的思路,有理有据、有逻辑且生动有趣地把项目特点表达出来,以期获得同学和教师的认可。展示的要求对英语的项目式教学意义非凡:首先,不论是英语专业还是非英语专业大学生,撰写英文研究报告是他们在学术道路上前进的必备技能,通过本环节,学生可以掌握英文学术写作的一般规范,亲身体验二语写作带来的困惑和快乐;其次,制作高质量的PPT和课堂上流畅、自信、生动的介绍可以为项目小组带来极大的成就感和荣誉感,即便展示不成功,也会给小组成员带来巨大动力,为下一个任务作更充分的准备。

---

[1] 马天婵.托马斯·赫希霍恩公共艺术项目的平等诉求[J].世界美术,2021,(02):33-40.

第四章
课程思政理念下高校英语教学质量提升的理念

（七）评价反思

在项目汇报展示完毕后,我们需要评估项目,包括教师评价、学习小组评价和自评。师生共同讨论、评判项目工作中出现的问题、解决问题的方法,分析学习行动的特征等,通过评价与反思,纠正认识,纠正方法,纠正思路。

此外,项目式教学法还具有跨学科性和兼容性,这一性质使跨领域的英语教学成为可能,通过项目,用英语去研究政治、经济、文化、技术、社会等,实现语言作为工具在真实语境中的应用。

二、课程思政理念下高校英语项目式教学的意义

将项目式教学法与英语课程思政理念相融合,不仅在教育实践中具有广泛的应用前景,而且在学术研究领域也呈现出丰富而深刻的意义。下面将从多个方面对这一融合进行深入探讨,以期对英语教学实践和学术研究提供有益的参考。

（一）提高课程思政效果

课程思政的核心目标是"三观"塑造。将思政元素融入项目,将增强项目的思辨性、人文性和思想性,驱动大学生反思生活、反思态度、思考和辨析社会现象,并给他们创造机会和场合表达思想、表达观点,在思考、探索、表达和交流过程中,他们将日益成熟、健康和理性。他们不应该仅仅成为满足社会需求的"产品",更应该成为促进社会思想进步的主导力量。项目把被动地"听、看、读"转变为主动地"想、做、说",其实践性使思政教育巧妙摆脱单向宣传灌输的刻板印象,同时其客观、科学的研究性特征亦使思政教育远离形式主义。课程思政的手段直接关乎效果,要做到"润物无声",依托项目具有创新意义。

（二）提高学生综合素质

将项目式教学法引入英语教学为学生提供了两种能力——语言能

力和非语言能力,它们是学生综合素质的组成部分,在项目中得到了多个向度的提升。首先,项目主题的变化增加了语言实践的多样性。其次,语言成为工具,教学活动延伸到了课堂之外,学生成为教学中心,学习主动性和积极性极大增强;综合素质得以提升,诸如交际能力、协作精神、创新和独立解决问题能力、思辨能力、社会实践能力,以及学术英语写作能力等得到培养。此外,学术素养、信息素养、视觉素养等也会在实践和评价中逐渐养成。

(三)促进教师成长

教师不仅仅是知识的传授者,还是项目的组织者、过程的陪伴者、实施的监督者以及成果的评估者。项目式教学法使教师从单一角色转向多重角色。项目实施的每一环节都对教师提出不同的要求和挑战:实施项目之前,教师需要教学生学会如何做项目;项目初期教师需引导学生设定研究目标,制订研究计划;项目实施环节需鼓励督促,出现问题时需及时指导修正;评估环节需提出建设性的意见和建议。从事教学的一线教师,其自身成长与专业发展是英语教学改革的前提和基础。教师不仅仅要具备传统角色所要求的专业知识和技能,还要具备科研能力和指导科研的能力,此外还有组织协调能力、沟通引导能力等。

(四)促使充分运用教材

现行教材的设计大多已经引入PBLI(Performance-Based Language Instruction,以语言表现行为为主的语言教学)等具项目式教学意涵的模式,如《新视野大学英语》,但由于对教师缺乏培训和方法指导,传统教学理念根深蒂固,应试教育环境又急功近利等因素,导致该模式未能贯彻于教学中。导致在项目实施过程中,或教师角色缺失,或缺乏评价体系,或丧失研究性特征,抑或抄袭敷衍,乃至使项目退化为可有可无的教学娱乐环节。把项目式教学法与英语课程教材及课程思政理念相融合,并通过提供相应的课程设计、项目设计、辅导与评价设计等,可使教材的核心设计理念得到实现,达到充分利用教材的目的。

第四章
课程思政理念下高校英语教学质量提升的理念

三、课程思政理念下高校英语项目式教学的策略

项目是由课题组教师结合教材的单元主题、学生实际和思政目的拟制的。属于研究类的项目,需要使用问卷调查、采访等方法研究,使用归纳、总结、推理、综合等方法分析,使用联系环境、时代、社会等立体层面溯因的方法讨论,按照"现象—问题—调查—分析—讨论—解决问题"这一程序展开研究实践。通过研究实践、汇报展示、评价和反思,使学生在如下几个方面得到发展和提高:

（1）思想认识:致力于现象中存在问题的解决,深化学生对项目的认识,增强其社会责任感和担当意识,实现塑造三观的作用。

（2）语言:项目实践可以帮助学生打下扎实的语言基本功,锻炼读、写、说的技能和培养语言综合运用能力。在真实语境下的英语应用,能使之成为信息输出的工具、表达思想观点的工具。

（3）内容:使学生拓展对本项目话题的认知,通过信息查询、文献阅读了解跨学科知识等相关知识。

（4）能力:培养学生有效使用学习策略的能力、研究能力、自主学习能力、合作交流能力、批判性思维能力、问题解决能力、信息搜索能力、各类软件和平台使用等非语言能力。

（5）情感:培养家国情怀,培养学生内在的学习动机、积极的学习态度和较强的自我效能感。

（6）素养:通过教师的指导和示范,通过学习、研究、汇报、展示和比赛,通过评价和被评价,培养学生的学术素养、信息素养、视觉素养。

（一）项目推进的基本阶段

（1）了解背景和分组:了解项目式教学理念和做项目的一般知识,之后学生进行分组并选拔组长。

（2）设计项目:由课题组教师根据教材的单元主题、学生生活学习实际和课程思政目的共同设计项目,然后给学生项目小组布置任务。学生项目小组根据自己的理解和看法对项目进行再设计,并拟制具体的研究目标或研究问题。

（3）制订计划:小组项目负责人根据研究目标,通过协商制订项目

工作计划、工作步骤,直至得到教师的认可。

(4)实施计划:小组项目负责人通过协商确定小组成员的合作形式,明确组员在项目实践中的分工,然后按照已确立的工作计划和步骤开展项目实践。一般工作步骤是:确立研究目标—阅读文献—确定研究方法—展开调查(问卷/采访)—回收和分析数据—总结研究发现—讨论并得出结论—用英文制作PPT,撰写研究报告。

(5)检查修改:汇报展示前由教师对PPT和研究报告进行检查和审核,并提出修改意见。然后学生修改,教师再审核直至合格。

(6)展示与评价:负责汇报的小组成员在教室或在线上演示PPT,用英文介绍研究成果。汇报结束后,由学生(非小组成员)和教师依据评价标准分别点评,最后,教师以书面形式在班级群公示终评。

(7)反思与借鉴:项目小组根据终评对PPT和研究报告进行最后修改,然后提交作品。教师将本轮次最佳作品发到各班班级群,给予鼓励表扬,同时达到互相借鉴学习的目的。最佳作品将和负责其他项目的教师推出的最佳作品进行二次评比,胜出作品参加学期末决赛。

(8)修订:每阶段(即每学期)项目教学完成后,教师对学生的项目成果(PPT、研究报告)进行修订和汇编,根据学生学习表现、意见和问题反馈、项目成果折射的共性问题,反思项目教学的短板,继而修订课程、课堂和研究项目的设计,为下一阶段教学做好准备。

(二)项目式教学的实施

实施项目式教学,首先要教学生掌握"如何做项目",课题项目教学辅导通过如下方法实现:

1. 集中辅导(两期实验)

一期实验:介绍项目。向学生介绍调查研究项目的基本步骤和环节,以前期实验的优秀学生作品为示范案例。一期实验项目辅导重点是让学生学会拟制研究问题,掌握调查研究的方法,并能够描述研究发现,基于研究发现,结合环境、时代、社会、国家背景展开讨论与解读,按照"研究设计—研究方法—研究发现—分析讨论—结论"这个逻辑结构制作PPT。

二期实验:进一步介绍项目。首先,向学生示范如何到学校数字图

第四章 课程思政理念下高校英语教学质量提升的理念

书馆的数据库查找相关文献,通过文献回顾探索项目的研究方法、理论和可用来支撑本研究的前人研究成果。其次,示范引用文献的标注方法及格式,以及在研究报告最后附上参考文献的一般要求和格式。最后,提出新的要求:不仅要提交用于汇报展示的 PPT 课件,还要撰写研究报告。明确二者在表达上的差异,并提供范例。

2. 微课和课件辅导(存放在学生 QQ 群,学生可随时学习)

在项目前期实验中教师能发现问题,如指导时间不足,能力不均衡等。但大学英语教学有其必须完成的教学任务,项目式教学是方法不是内容,要践行这一教学方法,需要指导学生怎么做。此外,每位教师对项目和项目式教学的了解和掌握是不均衡的,指导学生做项目的能力也是不均衡的,要保证学生受到的指导是系统的和专业的,就需要准备好一套高质量的课程。

指导时间适量和浓缩、高质的指导课程的需求需要教师建立共同的、统一的线上教学资源,开辟学生的自主学习空间。鉴于现在碎片化的学习风潮和以业余时间学习的生态,制作以解决问题为导向的短小精悍的系列微课是有效手段。系列微课应该是开放式的,根据不断出现和发现的问题,不断地探索和深入,一步步丰富,使之成为一个有机的系统,最终升级成为慕课。因教学任务多,时间有限,教师无法展开各项内容进行集中辅导,因此,指导组根据学生在实践过程中的突出问题,经过研究、查证、确认,精心制作教学课件和微课,科学指导学生的项目实践,将其存放至学生 QQ 群供学生自主学习使用,学生可随时查看。

3. 样例和范本辅导

举例子说明问题是最简单有效的方法。在项目教学法的实施过程中,教师手里一般存有大量学生提交的作品,有十分优秀的作品,也有存在较多问题的作品,有些作品是局部环节很出色,有的作品逻辑衔接优秀,有的作品抽象概括能力突出,有些作品站位高、格局大,能够很好地联系时代、联系社会来阐释与解读现象,有些作品找到了很好的理论支撑讨论与分析,有的作品拍摄了自然、亲切、深入的采访视频,有的作品 PPT 制作精良,有的作品语言自然流畅、表达深刻,这些作品都可以成为用于教学辅导的样例——或完整的优秀作品样例,或局部环节样例,或问题样例,辅之以文字点评,就能起到出色的辅导作用。但样例式和范本式辅导也存在弊端,会导致学生机械模仿,限制他们的创造性;或者由于缺乏准确点评,学生把好的、坏的一并模仿下来。因此,使用样例或范本辅导时教师的准确点评很重要,同时要注意褒奖与众不同的方法、观点、设计等,以防样例成为标准。

样例和范本辅导的方式有:①班级群展示(有局部样例和完整样例);②课堂上展示(针对学生实践中存在的较为集中的问题,在点评时提供局部样例辅助讲解)。提供的样例形式有PPT、研究报告,还有学生录制的展示视频等。

4. 根据学生需求随机辅导

学生在项目实践过程中还会遇见各种具体的问题,教师应根据学生需求随时通过线上各种交流手段,或线下面对面方式给予及时的辅导。

5. 点评辅导

教师审核作品时提出的修改意见,以及在汇报展示后,其他同学和教师的现场点评,还有课后班级群公示的附有得分明细的终评,对项目小组而言都是辅导,小组可根据反馈进一步修改作品,并为下次项目实践积累经验和建立常识。

第四节 引导学生进行自主学习与体验式学习

课程思政理念下的高校英语教学,在培养学生的英语语言能力的同时,也注重学生的思想道德素质和人文精神的提升。在这一理念的指导下,引导学生进行自主学习和体验式学习显得尤为重要。

第四章
课程思政理念下高校英语教学质量提升的理念

一、自主学习

（一）自主学习的定义

自主学习作为一种学习方式，反映了学习者的个人特色、学习倾向以及学习策略的综合。简言之，自主学习是基于教师的指导，运用元认知策略、动机策略与行为策略这三大策略，进行主动学习的手段。

自主学习强调学习的主动性和有效性。主动性体现在学生的学习动机被激发，以及他们如何运用各种学习策略。有效性则体现在学生通过自主学习不断提升自身能力，并根据学习任务的难易程度调整学习方法。

（二）课程思政理念下高校英语教学中引导学生自主学习的意义

在当今快速发展的全球化时代，英语作为国际通用语言，其重要性日益凸显。高校英语教学作为培养学生英语能力的主要途径，其教育理念和方法也需与时俱进。课程思政理念强调在传授知识的同时注重学生的思想政治教育，培养其正确的世界观、人生观和价值观。在这一理念下，引导学生自主学习英语课程具有深远的意义。

首先，自主学习能够激发学生的学习兴趣和动力。传统的英语教学模式往往以教师为中心，学生处于被动接收知识的状态。而在课程思政理念下，通过引导学生自主学习，使学生更加主动地参与到英语学习中，激发他们的学习兴趣和动力。这种学习方式不仅能够提高学生的学习效率，还能够培养他们的自主学习能力和终身学习的习惯。

其次，自主学习有助于培养学生的创新能力和批判性思维。在自主学习的过程中，学生需要独立思考、解决问题，这不仅能够锻炼他们的创新能力，还能够培养他们的批判性思维。这种能力在其未来的职业生涯中也是非常重要的，能够帮助他们更好地适应社会的发展变化。

最后，自主学习还能够促进学生的全面发展。英语课程不仅是对语言知识的学习，还涉及文化、历史、社会等多个领域。引导学生自主学习，可以使学生更加全面地了解英语国家的文化、历史和社会背景，增强他们的跨文化交流能力。同时，自主学习还能够培养学生的自主学习能力、时间管理能力、团队合作能力等综合素质，促进他们的全面发展。

（三）课程思政理念下高校英语教学中引导学生自主学习的策略

随着课程思政理念的深入人心，高校英语教学也开始注重培养学生的自主学习能力和综合素质。自主学习是指学生在教师的指导下，根据自己的学习需求和兴趣，自主选择学习内容、方法和时间，以实现自我发展和提高。在高校英语教学中，引导学生自主学习不仅有助于提高学生的英语水平和综合素质，还能培养学生的自主学习能力和终身学习的意识。

1. 明确教学目标，激发学生自主学习动力

在课程思政理念下，高校英语教学应该明确教学目标，注重培养学生的语言能力和跨文化交际能力，同时也要注重培养学生的自主学习能力和终身学习的意识。教师应该通过明确的教学目标，激发学生的学习动力和兴趣，引导学生主动参与到学习中来。

2. 提供多元化的学习资源，满足学生个性化需求

为了引导学生自主学习，高校英语教师应该提供多元化的学习资源，包括教材、网络课程、学习软件、英语学习社区等。这些资源可以满足不同学生的学习需求和兴趣，帮助学生更加高效地学习。同时，教师还应该根据学生的个性化需求，提供个性化的学习指导和建议，帮助学生更好地形成自己的学习计划和学习策略。

3. 鼓励学生主动参与课堂讨论和互动

课堂讨论和互动是引导学生自主学习的重要手段之一。教师应该鼓励学生积极参与课堂讨论和互动，发表自己的观点和看法，与教师和同学进行交流。这样不仅可以帮助学生更好地理解和掌握学习内容，还可以培养学生的沟通能力和团队协作精神，促进学生的全面发展。

4. 建立科学的评估机制，激励学生自主学习

建立科学的评估机制是引导学生自主学习的重要保障。教师应该

根据学生的自主学习情况和表现,建立科学的评估机制,对象包括课堂表现、作业完成情况、学习成果等。相应的评估结果可以反映学生的自主学习能力和学习成果,同时也可以激励学生更加努力地自主学习。

二、体验式学习

(一)体验式学习的定义

体验式学习是一种以学生为中心的学习方式,它强调学生通过亲身参与和实践来获取知识。与传统的被动接收知识的方式不同,体验式学习鼓励学生主动探索、尝试和反思,更加深入地理解和应用所学知识。

在体验式学习中,学生不再是知识的被动接收者,而是主动参与者。他们通过实践、观察、交流和反思等方式,积极参与学习过程,形成自己的理解和认知。这种学习方式不仅有助于提高学生的学习兴趣和动力,还能够培养他们的创新能力和解决问题的能力。

体验式学习的实施需要教师的引导和指导。教师应该根据学生的学习需求和实际情况,设计合适的体验活动,并为学生提供必要的支持和帮助。同时,教师还需要引导学生及时反思和总结,帮助他们将所学知识应用到实际生活中。

(二)课程思政理念下高校英语教学中引导学生体验式学习的意义

随着全球化的进程加速,英语作为国际交流的通用语言,其重要性不言而喻。在我国的高等教育体系中,英语教学更是承载了培养学生跨文化交流能力、拓宽国际视野的重要任务。在这一背景下,课程思政理念的融入为高校英语教学注入了新的活力,特别是引导学生体验式学习的实践,更是具有深远的意义。

首先,体验式学习有助于增强学生的学习动力。在传统的英语教学中,学生往往只是被动地接收知识,缺乏主动参与和体验的机会。体验式学习强调学生的主体性,让学生在亲身参与中感受英语的魅力和实用性,从而激发他们的学习兴趣和动力。这种主动的学习方式不仅能够提高学生的学习效果,还能够培养学生的自主学习能力和终身学习的习惯。

其次,体验式学习有助于提升学生的跨文化交流能力。在体验式学习中,学生需要通过模拟真实的跨文化交流场景,学习如何在不同的文化背景下进行有效的沟通。这样的学习过程不仅能够帮助学生掌握英语语言知识,还能够培养他们的文化敏感性和跨文化交流能力,为将来服务于国际交往打下坚实的基础。

再次,体验式学习有助于培养学生的社会责任感和公民意识。课程思政理念强调将思想政治教育融入各门课程中,通过体验式学习,学生可以在实践中深刻体会到作为社会成员的责任和使命。例如,在模拟国际会议或跨文化交流活动中,学生需要关注全球性问题,思考人类命运共同体建设等议题,这样的学习过程无疑会增强学生的社会责任感和公民意识。

最后,体验式学习有助于促进学生的全面发展。在体验式学习中,学生不仅需要运用英语语言知识进行交流,还需要在团队合作、创新思维等方面得到锻炼。这样的学习过程不仅能够促进学生的知识、技能、情感态度等方面的积累和全面发展,还能够培养学生的综合素质和竞争力。

(三)课程思政理念下高校英语教学中引导学生体验式学习的策略

随着课程思政理念的深入人心,高校英语教学也迎来了新的发展机遇。在这一背景下,如何引导学生体验式学习,成为亟待英语教师解决的问题。体验式学习强调学生在实践中感知、体验、反思和总结,对于提高学生的英语综合运用能力具有重要意义。

1. 模拟真实语境,营造沉浸式学习环境

为了让学生更好地体验英语,教师可以模拟真实的语境,营造沉浸式的学习环境。例如,在课堂上模拟真实的商务场景,让学生扮演不同的角色进行对话;或者通过多媒体手段,让学生观看英语原声影片、收听英语广播等,从而感受地道的英语表达和文化氛围。这样的学习环境能够激发学生的学习兴趣,促使他们主动投入到英语学习中。

2. 引入合作项目,培养团队协作能力

在体验式学习中,教师可以通过引入合作项目,让学生在团队中共同完成学习任务。例如,教师可以组织学生进行小组讨论,让他们就某一主题展开讨论并汇报成果;或者开展英语角活动,鼓励学生自由组队进行交流。这样的学习方式不仅能够培养学生的团队协作能力,还能让他们在实践中锻炼英语表达能力。

3. 鼓励自主学习,培养终身学习习惯

体验式学习强调学生的主动性和自主性。因此,教师应鼓励学生自主学习,培养他们的终身学习习惯。例如,教师可以推荐适合学生的英语学习资源,引导他们进行自主学习;或者设置开放性的学习任务,让学生在课后自行探索和研究。这样的学习方式能够帮助学生形成自我驱动的学习动力,为未来的学习和职业发展奠定坚实基础。

4. 加强实践应用,提升英语综合运用能力

体验式学习的最终目的是让学生将所学知识应用于实践中。因此,教师应加强实践应用环节的教育效果,提升学生的英语综合运用能力。例如,教师可以组织学生进行英语演讲、写作、翻译等实践活动,让他们在实践中检验自己的学习成果;或者与校外企业合作,为学生提供实习机会,让他们在实际工作中运用英语。这样的实践活动能够让学生更好地将所学知识转化为实际能力,提高他们在职场上的竞争力。

第五节 应用数字化资源,构建智慧课堂

课程思政理念下,高校英语教学中应用数字化资源,构建智慧课堂,已经成为教育改革的重要方向。智慧课堂的构建旨在通过运用先进的信息技术手段打造互动性强、个性化突出的教学环境,以提升教学质量和效果。数字化资源作为智慧课堂的重要组成部分,为英语教学提供了

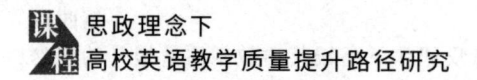

丰富的素材和多样化的教学手段。

一、应用数字化教学资源

（一）数字化教学资源的概念及特点

数字化教学资源是指经过数字化处理，可以在计算机或网络上运用的教学资源。利用数字化教学资源的学生可以较少受时空和传递呈现方式的限制。通过多种设备，使用各种学习平台获得的高质量课程相关信息，可以实现信息的随意传送、接收、共享、组织和储存。数字化教学资源的特点主要包括以下几方面。

1. 多样性

数字化教学资源以电子数据的形式存在，可以通过各种媒介形式呈现，包括文本、图像、声音、动画和视频等。

文本是一种基本的媒介形式，可以提供详细的解释和说明，帮助学生理解概念和理论。图像可以直观地展示概念、流程和现象，帮助学生更好地理解和记忆。声音可以提供语音解释和指导，帮助学生更好地理解课程内容。动画可以模拟复杂的流程和动态过程，帮助学生更好地理解复杂的概念和过程。视频可以提供实时的、真实的场景和事件，帮助学生更好地理解课程内容，并增强其学习兴趣和动力。这些媒介形式可以单独使用，也可以组合使用，以提供更加丰富和生动的教学内容。

2. 共享性

利用电子读物或网络课程实现的资源共享，传播面比普通信息资源共享的传播面要大得多。

电子读物如电子书、电子期刊等，可以通过互联网进行广泛的传播和分享。这些电子读物通常包含了大量的文本、图像、声音、动画和视频等媒介形式的内容，可以提供更加丰富和生动的学习体验。通过网络课程，人们可以方便地分享和传播高质量的教学内容，使更多的人可以获得优质的教育资源。

相比之下，普通的信息资源共享通常只能通过传统的渠道进行传

第四章
课程思政理念下高校英语教学质量提升的理念

播,如纸质书籍、报纸、杂志等,其传播范围和潜在受众群体相对较小、较少。因此,利用电子读物和网络课程实现的资源共享具有更大的覆盖面和影响力,可以更好地满足人们的学习需求。

同时,数字化教学资源的共享还可以促进教育公平和普及。通过互联网和数字化技术,人们可以不受地域和时空的限制,随时随地获取所需的学习资源。使更多的人可以获得高质量的教育资源,提高其自身素质和能力,能进一步推动社会的发展和进步。

3. 扩展性

数字化教学资源的扩展性主要表现为可再生性和可操作性。

可再生性是指数字化教学资源具有可持续使用的价值,不仅可以满足当前的教学需求,还可以适应未来的发展需要。

可操作性是指数字化教学资源具有可修改、可扩展、可定制等特性,可以根据实际需求进行修改和定制,以满足不同的教学需求。这种可操作性使数字化教学资源具有更大的灵活性和适应性,可以更好地支持学生的创造力和创新思维的发展。

4. 工具性

数字化教学资源是一种具有工具性的学习资源,可以辅助教师进行教学,同时也可以帮助学生更好地学习和理解知识。

数字化教学资源作为一种现代化的教学工具,可以为教师提供更加便捷、高效的教学手段和教学资源。例如,数字化教学资源可以提供多媒体课件、教学视频、模拟实验等多种形式的教学内容,帮助教师更好地呈现知识点和技能点,提高教学效果。同时,数字化教学资源还可以为教师提供更加准确、及时的学习反馈和评估,帮助教师更好地了解学生的学习情况和需求,及时调整教学策略。

对于学生来说,数字化教学资源可以为其提供更加个性化、自主化的学习方式。学生可以根据自己的学习需求和兴趣选择适合自己的学习资源,自主安排学习进度和方式。同时,数字化教学资源还可以为学生提供更加丰富、多样化的学习内容,包括文本、图像、声音、动画和视频等多种媒介形式的内容,帮助学生更好地理解和掌握知识。

5. 便捷性

数字化教学资源通常以电子数据的形式存在,可以通过互联网进行广泛的传播和分享。学生可以通过电脑、手机、平板等设备随时随地访问数字化教学资源,不受时间和地点的限制。同时,数字化教学资源也具有多样化的传递呈现方式,包括文本、图像、声音、动画和视频等多种形式,可以满足学生的不同学习需求和兴趣。

数字化教学资源还可以实现随意的信息的传送、接收、共享、组织和储存。学生可以通过网络平台进行在线学习、讨论和协作,实现信息的实时传递和共享。同时,数字化教学资源也可以方便地进行存储和备份,保障学生的学习数据和信息安全。

6. 灵活性

数字化教学资源具有灵活性的特点,它可以适应不同的学习需求和教学情境。数字化教学资源可以在任何时间、任何地点进行访问和学习,不受时间和地点的限制,因此学生可以根据自己的学习进度和需求,灵活地安排学习时间和地点。

数字化教学还为学生提供了更多的合作学习机会和社交互动。学生可以通过在线讨论、互动问答、协作学习等方式与同学和教师进行交流和合作。这种学习方式不仅可以增强学生的学习效果和能力,还可以培养学生的团队合作和社交能力。

(二)课程思政理念下高校英语教学数字化资源的应用意义

课程思政理念下高校英语教学数字化资源的应用意义重大。不仅可以提升教学效率和效果,还可以强化思政教育的融入,促进学生的自主学习和终身学习。因此,高校英语教师应该积极探索和应用数字化资源,不断创新教学方法和手段,为培养具有国际视野和跨文化交际能力的高素质人才作出积极贡献。同时,教育部门和社会其他领域也应该给予更多的关注和支持,为高校英语教学数字化资源的发展提供更加良好的环境和条件。

第四章
课程思政理念下高校英语教学质量提升的理念

1. 提升教学效率和效果

数字化资源的应用可以极大地提升高校英语教学的效率和效果。通过使用数字化资源，教师可以更加便捷地获取丰富的教学素材，包括音频、视频、图像、文本等多种形式的内容。这些素材可以帮助学生更加直观地理解英语知识，提高学生的学习兴趣和积极性。同时，数字化资源还可以提供智能化的学习支持，如智能语音助手、智能学习推荐等，帮助学生更加高效地学习英语，提升学习效果。

2. 强化思政教育的融入

课程思政理念强调将思想政治教育融入各个学科的教学中，高校英语教学也不例外。数字化资源的应用，可以更加有效地将思政教育融入英语教学中。例如，可以利用数字化资源展示中华优秀传统文化、历史、社会等方面的内容，引导学生深入了解中国文化的内涵和价值，增强学生的文化自信和民族自豪感。同时，数字化资源还可以提供丰富的拓展国际视野和参与跨文化交流的机会，帮助学生更好地理解和尊重不同文化，培养具有国际视野和跨文化交际能力的人才。

3. 促进自主学习和终身学习

数字化资源的应用还可以促进学生的自主学习和终身学习。通过数字化资源，学生可以随时随地学习英语，不再局限于传统的课堂教学时间和空间。同时，数字化资源还可以提供个性化的学习路径和学习反馈，帮助学生更加自主地规划自己的学习进程和方式。这种自主学习和终身学习的能力对于培养学生的综合素质和促进其未来发展具有重要意义。

（三）课程思政理念下高校英语教学数字化资源的应用策略

在课程思政理念的指导下，高校英语教学数字化资源的应用显得尤为重要。课程思政理念下高校英语教学数字化资源的应用应注重整合资源、强化师生互动、注重实践、融入思政元素以及建立评价体系等方面。这些策略的实施，可以有效提高高校英语教学的效果和质量，培养学生的英语综合应用能力和社会责任感。

1. 整合资源，构建多元化教学平台

高校英语教师应充分利用数字化资源的优势，整合各类教学资源，构建多元化的教学平台，通过在线课程、教学视频、英语学习软件等多种形式。通过这些平台，教师可以为学生提供更加丰富、多样的学习材料，帮助学生更好地理解和掌握英语知识。

2. 强化师生互动，促进教学相长

数字化资源的应用使师生互动变得更加便捷和高效。教师可以通过在线平台及时回答学生的问题，了解学生的学习情况，并针对学生的需求进行个性化的教学指导。同时，学生也可以利用这些平台表达自己的观点和疑问，积极参与课堂讨论，提高学习效果。

3. 注重实践，提升学生英语能力

在英语教学中，实践应用是提高学生英语能力的重要途径。数字化资源的应用可以为学生提供更多的实践机会。例如，教师可以利用在线模拟场景让学生进行角色扮演，提高学生的口语表达能力；或者通过在线协作工具让学生分组完成英语实践项目，培养学生的团队协作能力。

4. 融入思政元素，实现课程思政目标

在英语教学中融入思政元素是课程思政理念的重要体现。教师可以通过数字化资源将思政教育内容融入英语教学中，如在讲解英语文章时引入相关的社会热点问题，引导学生进行深入思考和讨论。这样不仅可以提高学生的英语水平，还能培养学生的社会责任感和批判性思维。

5. 建立评价体系，持续改进教学策略

为了确保数字化资源在英语教学中的有效应用，高校应建立完善的评价体系，包括对数字化资源的质量评价、教师教学效果的评价以及学生学习成果的评价。通过这些评价数据，教师可以了解数字化资源的应用效果，及时调整教学策略，实现教学效果的持续提升。

第四章
课程思政理念下高校英语教学质量提升的理念

二、构建智慧课堂

（一）智慧课堂的定义及特征

智慧课堂教学是一种以学习者为中心，遵循人的认知发展规律，基于学生个体差异按需开展教学，提供个性化的学习诊断、学习资源与学习支持服务的教育形态。智慧课堂教学形态具有育人为本、场景感知、数据驱动、人机协同等特征。

1. 育人为本是智慧课堂教学最根本的理念特征

智慧课堂教学是一种新兴的教育模式，它强调以学习者为中心，充分尊重和理解学生的个性差异。这种教育模式认为，每名学生都是独一无二的，他们拥有自己的学习需求、兴趣和潜能。因此，智慧课堂教学致力于提供个性化的学习支持服务，帮助学生找到适合自己的学习方法和路径，以产出高质的学习成果。

在智慧课堂教学中，智能技术发挥着至关重要的作用。通过运用大数据、人工智能等先进技术，教师可以对学生的学习情况进行全面、深入的诊断。这不仅有助于发现学生的优势和不足，还可以为每名学生量身定制学习资源和支持服务。这样一来，教师就能真正做到因材施教，使每名学生都能在适合自己的领域内得到充分的发展。此外，智慧课堂教学还注重培养学生的创新能力、批判性思维和实践能力。在这种教育模式下，学生不仅能够掌握丰富的知识，还能学会如何运用这些知识解决实际问题。这有助于培养出具备创新精神和实践能力的人才，为我国的发展注入新的活力。

我国政府高度重视智慧课堂教学的发展，不断出台相关政策举措，推动教育信息化建设的深入进行。例如，推动"宽带校园"建设，提升学校网络基础设施水平；开展"互联网＋"教育创新试点，鼓励学校利用互联网技术改革教育教学；加大对教育信息化设备的投入，为学校提供先进的教育技术支持。

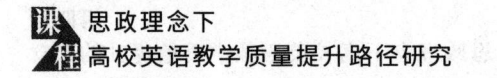

2. 场景感知是智慧课堂教学最基本的功能特征

智慧课堂教学通过运用各种传感器和数字技术，对学习环境和学习者自身进行深度感知和智能调控，以实现个性化、智能化的教育教学。

首先，智慧课堂教学利用物理信息传感器、射频识别技术、全球定位系统等先进仪器或技术，对学习环境的物理特性进行实时监测和分析。包括温度、湿度、亮度、嘈杂度等所反映的环境因素，都会影响到学生的学习效果。一旦环境参数超出预设范围，系统将自动启动调节设备，如空调、灯光等，为学生营造一个舒适的学习环境。

其次，智慧课堂教学还关注学生的内在学习状态。通过高清摄像头、可穿戴设备、数字坐垫等设备，智慧课堂教学可以实时捕捉学生的状态特征信息，如表情、姿势、心率等。这些数据将为教师提供重要参考，帮助他们更好地了解学生的学习状态，从而针对性地调整教学策略，提高教学效果。此外，智慧课堂教学还具备数据分析功能。通过对海量数据的挖掘和分析，教师可以深入了解学生的学习习惯、兴趣爱好、学术成就等，为学生提供个性化的学习路径和资源推荐。这不仅有助于激发学生的学习兴趣，还能有效提升学生的学习自主性和成效。

在我国，智慧课堂教学的发展已经取得了显著成果。不管是在实际课堂教育中还是在在线教育领域，智慧课堂教学都展现出巨大的潜力和价值。它不仅有助于提高教育教学质量，还能为我国培养更多具备创新精神和实践能力的人才。

3. 数据驱动是智慧课堂教学最切要的技术特征

智慧课堂教学的核心理念是"数据驱动"。这意味着需要借助各类设备与系统，采集教师、学生与学习环境中的全部数据，这些数据包括但不限于学生的学习行为、学习成绩、兴趣爱好、社交互动等，以及教师的教学方法、授课风格、教学成果等。通过对这些数据的挖掘和分析，可以构建各教育主体的画像，深入了解校园的日常管理情况、学生的行为习惯与学习偏好、教师的授课风格与教学成效等。

数据驱动的智慧课堂教学具有以下几个特点：

（1）个性化教学。通过对学生学习数据的分析，教师可以更好地了解学生的学习需求，为学生提供个性化的教学方案。这有助于提高学生的学习兴趣和成效，实现教育公平。

第四章
课程思政理念下高校英语教学质量提升的理念

（2）精准评估。借助大数据技术，教育工作者可以全面了解学生的学习进度、成果和薄弱环节，从而实现精准评估。这有助于及时调整教学策略，提高教学质量。

（3）优化管理。通过对校园管理数据的分析，教育部门可以深入了解学校的运行状况，为学校提供有针对性的管理建议。这有助于提高学校的管理水平，营造良好的教育环境。

（4）智能辅导。智能教育系统可以根据学生的学习需求，为学生提供实时的辅导和建议。这有助于学生在学习过程中克服困难，提高学习效果。

（5）科研支持。教育科研机构可以利用大数据技术，对教育教学现象进行深入研究，为教育改革和发展提供科学依据。

（6）高效服务。通过对教育服务数据的挖掘和分析，教育部门可以更好地了解社会需求，为学生和教师提供高效、优质的服务。

总之，智慧课堂教学以数据驱动为核心，致力于实现教育教学的个性化、精准化和智能化。在我国教育部门的积极推动下，智慧课堂教学的发展将不断深化，为提高我国教育质量、促进教育公平和培养创新型人才奠定坚实基础。

4.人机协同是智慧课堂教学最重要的模式特征

人工智能与教师互补融合的协同工作方式已经成为智慧课堂教学的主要模式。在这个模式下，机器可以完成诸多基础性、重复性和高计算量的工作，如数据统计与分析、学生学情反馈、低阶思维知识传授以及个性化资源推送等。这些功能的发挥不仅减轻了教师的工作负担，还为教育教学提供了更为丰富的资源和更为高效的方式。然而，机器无法完全替代教师，因为教师具有独特的思维能力和社会属性。

在学生的高阶思维能力培养方面，教师具有不可替代的作用。高阶思维能力是指超越基本知识技能的深层次思维能力，包括批判性思维、创新性思维和辩证性思维等。这种能力对于学生的综合素质和未来发展至关重要。教师通过启发式、探究式和讨论式的教学方法，引导学生发展高阶思维，而这是目前人工智能难以实现的。

此外，在非智力因素培养方面，教师也具有显著优势。非智力因素是指除智力因素之外的影响学生学习成绩和发展的因素，如情感、态度、动机等。教师具有丰富的情感和同理心，能够关注学生的个体差异，发现并解决学生在学习和生活中遇到的困难。人工智能在这方面的能力相对有限,它无法像教师那样真正走进学生的内心世界,为学生提供心灵关怀。

(三)课程思政理念下高校英语智慧课堂的构建意义

课程思政理念下高校英语智慧课堂的构建不仅可以提升英语教学质量,培养学生的思辨能力和跨文化交流能力,还可以推动教育信息化发展,为我国高等教育的改革和发展注入新的活力和动力。因此,高校应该积极探索和实践智慧课堂的教学模式,为培养具有创新精神和实践能力的高素质人才作出积极贡献。下面将从课程思政的角度出发,探讨高校英语智慧课堂构建的重要性。

1. 提升英语教学质量

智慧课堂通过运用信息技术手段,如大数据分析、云计算等,为英语教学提供了更加丰富的教学资源和教学手段。教师可以根据学生的学习情况和需求,制订个性化的教学方案,实现精准教学。同时,智慧课堂还可以提供多样化的学习方式,如在线学习、移动学习等,激发学生的学习兴趣,提高学生的学习效率。这样不仅可以提升英语课程的教学质量,还可以为学生的全面发展提供有力支持。

2. 培养学生的思辨能力

课程思政理念强调培养学生的思辨能力和创新精神。智慧课堂通过提供丰富的教学资源和多样化的学习方式,为学生提供了更多的思考空间和机会。学生可以通过自主学习、合作学习等方式,对所学知识进行深入思考和探讨,形成自己的见解和观点。这样不仅可以培养学生的思辨能力,还可以帮助学生树立正确的人生观、价值观和世界观。

3. 促进跨文化交流能力

英语课程作为一门语言课程,具有跨文化交流的特点。智慧课堂通过提供真实、生动的语言环境和文化情境,帮助学生更好地了解英语国家的文化背景和社会习俗,提高跨文化交流能力。同时,智慧课堂还可以提供多元化的学习资源和学习方式,如在线互动、模拟场景等,帮助学生更好地掌握英语交流技巧,提高英语应用能力。

4. 推动教育信息化发展

智慧课堂的构建是高校教育信息化的重要组成部分。通过运用信息技术手段,智慧课堂可以实现教学资源的共享和优化配置,提高教育教学的效率和质量。同时,智慧课堂还可以推动教育教学的改革和创新,促进教育现代化,这对于提高我国高等教育的整体水平和国际竞争力具有重要意义。

(四)课程思政理念下高校英语智慧课堂的构建策略

课程思政理念下高校英语智慧课堂的构建是一项复杂而重要的任务。我们需要明确课程思政理念的核心价值,运用现代技术手段打造智慧课堂,融思政元素于英语教学中,创新教学评价机制,加强师资队伍建设,并强化校企合作与社会实践。只有这样,才能培养出既具备扎实英语能力又具有良好思政素养的高素质人才,为国家的繁荣富强和民族的伟大复兴贡献力量。

1. 明确课程思政理念的核心价值

课程思政理念强调在传授知识的同时,注重培养学生的社会主义核心价值观,引导学生形成正确的世界观、人生观和价值观。在高校英语智慧课堂的构建中,应首先明确这一理念的核心价值,确保教学内容的导向性和思想性。

2. 运用现代技术手段打造智慧课堂

智慧课堂的建设离不开现代技术手段的支持。高校英语智慧课堂应充分利用人工智能、大数据等技术,实现个性化教学、智能评估、资源共享等功能。例如,通过智能分析学生的学习数据,为每名学生提供量身定制的学习方案,提高教学效果。

3. 融思政元素于英语教学中

在英语教学中融入思政元素,是构建课程思政理念下智慧课堂的关键。可以通过选择具有思政内涵的英语教材、设计富有启发性的教学活动、引导学生参与社会实践等方式实现。同时,教师还应在课堂上注重培养学生的跨文化交际能力,增强国家意识和文化自信。

4. 创新教学评价机制

传统的以考试成绩为主的评价机制已无法适应智慧课堂的需求。在构建高校英语智慧课堂时,应创新教学评价机制,注重过程性评价和表现性评价,全面评价学生的知识掌握、能力发展和思政素养情况。

5. 加强师资队伍建设

教师是智慧课堂构建的重要力量。高校应加强对英语教师的培训,提高他们的信息素养和教学能力,使他们能够更好地运用现代技术手段实施课程思政理念下的英语教学。同时,还应鼓励教师积极参与课程思政研究和实践,不断提升教学质量。

6. 强化校企合作与社会实践

校企合作,可以为学生提供更多的实践机会和就业资源,帮助他们更好地将所学知识应用于实际工作中。同时,社会实践也是培养学生思政素养的重要途径,通过参与社会实践活动,学生可以更加深入地了解国情、民情,增强社会责任感和使命感。

第五章　课程思政理念下高校英语教学质量提升的模式

　　课程思政理念下高校英语教学质量提升的模式应注重将思政教育与英语教学相结合,通过多种教学模式的灵活运用,实现英语教学与思政教育的相互促进、共同发展。在这一理念的指导下,高校英语教学应着力构建多元化的教学模式,将思政元素自然地融入英语教学过程中。本章就从多模态教学模式、翻转课堂教学模式、慕课教学模式、微课教学模式、混合式教学模式入手展开分析。

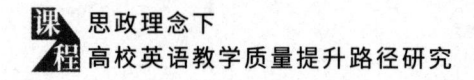

第一节 多模态教学模式

一、多模态教学模式的概念

多模态教学是一种新型的教学方法,它强调在教学过程中使用多种感官刺激,包括视觉、听觉、触觉、味觉和嗅觉等,以提高学生的学习兴趣和记忆效果。与传统的单一感官教学相比,多模态教学能够更好地满足学生的学习需求,提高学生的学习效率和质量。

多模态教学的核心理念是利用多种感官刺激来增强学生的学习体验和学习效果。传统的单一感官教学只能刺激一种感官,而多模态教学则可以同时刺激多种感官,让学生更加全面地参与学习过程。例如,在教学语言时,多模态教学可以结合图片、音频、视频等多种媒介形式,让学生在听、说、读、写等多个方面得到锻炼。

二、课程思政理念下高校英语多模态教学的优势

课程思政理念下的高校英语多模态教学能够充分发挥其独特的优势,更好地满足时代的需求,实现学生的全面发展。

(一)提高学生的学习兴趣

多模态教学方式是一种新型的教育方法,通过运用图片、视频、音频等多种形式的教学内容,激发学生的学习兴趣,以提高学生的参与度和积极性。这种教学方式的优势在于,它能够充分调动学生的感官,让他们在视觉、听觉、触觉等多个层面上感受到学习的乐趣,从而提高他们的学习积极性。

（二）丰富教学内容

多模态教学方式是一种创新型教学方法，它以学生为中心，注重发挥各种教学资源的优势，将音频、视频、图片等多种形式的教学内容有机地融合在一起。这种教学方式旨在为学生提供更加丰富、多元的学习体验，激发他们的学习兴趣和积极性。

（三）培养学生的综合英语能力

多模态教学方式以培养学生的听、说、读、写四项基本技能为核心，通过整合图片、视频、音频等多种形式的教学内容，帮助学生更深入、全面地理解和掌握英语知识。在多模态教学过程中，教师会根据学生的需求和特点设计出丰富多样的教学活动。这些活动不仅有助于提高学生的学习兴趣，还可以激发他们的创造力和思维能力。通过这种立体化的教学方式，学生在享受学习英语的过程中能够更好地锻炼自己的语言技能，为将来的职业生涯打下坚实基础。此外，多模态教学方式还能有效提升学生的跨文化交际能力。在全球化时代，掌握一门外语不仅意味着要具备扎实的语言基础，还需要了解不同文化背景下的习俗和思维方式。多模态教学方式引入世界各地的文化元素，使学生在学习语言的同时，能够开阔视野，培养跨文化意识，这有助于他们在国际交流中更加自信、从容地应对各种挑战。

三、课程思政理念下高校英语多模态教学模式的实施策略

（一）优化课程设计

在当今信息化时代，课程思政理念日益深入人心，教师纷纷尝试将其融入教学实践中。为了实现这一理念，我们需要在课程设计中充分考虑学生的实际情况，以此为基础，制定出具有挑战性、趣味性和实用性的课程内容，从而激发学生的学习兴趣。以下是实现这一目标的具体策略：

（1）以学生为中心。在课程设计过程中,教师应充分关注学生的需求和兴趣,以此为依据设置与学生实际生活和学习紧密相关的教学内容。这样既能提高学生的学习积极性,又能帮助他们将所学知识应用于实际生活中,学以致用。

（2）注重课程的系统性和连贯性。在设计课程内容时,教师要确保课程的各个部分能够相互衔接,形成一个有机的整体。这样学生在学习过程中就能感受到知识的连贯性和系统性,更好地理解和掌握所学内容。

（3）采用多种教学方法。在课程设计过程中,教师可以灵活运用讲授、讨论、案例分析、角色扮演等多种教学方法,激发学生的学习兴趣和提升其参与度。这些方法不仅能活跃课堂氛围,还能帮助学生在积极参与中提高思维能力、沟通能力和团队协作能力。

（二）利用信息技术

在21世纪这个信息化时代,充分利用现代信息技术已成为教育领域的一大趋势。为了让学生的学习更加丰富多彩,教师可以采取以下几种策略来拓宽学生的知识视野。

（1）创设在线学习平台。教师可以利用网络平台,如在线教育平台、社交媒体等,为学生提供丰富的学习资源。这些资源包括教学视频、电子书籍、在线练习等。通过这些平台,学生可以随时随地地获取知识,满足个性化学习需求。此外,教师还可以通过平台与学生进行实时互动,解答学生的疑问,提供及时的帮助。

（2）利用多媒体设备。教师可以运用投影仪、音响设备等现代化教学工具,为学生提供丰富的视听体验,如观看英语电影、听英语音乐等。这样既能激发学生的学习兴趣,又能提高学生的英语听说能力。同时,多媒体设备的应用还可以将抽象的知识点形象化,帮助学生更好地理解和掌握知识。

（3）创设互动式教学。教师可以利用网络平台、多媒体设备等,创设互动式教学,如在线讨论、在线角色扮演等。这种教学方式有助于提高学生的学习兴趣和参与度,让学生在轻松愉快的氛围中学习。同时,互动式教学也有利于培养学生的团队协作能力和创新思维。

（4）引导学生正确使用网络资源,学会筛选有益的信息,培养学生的信息素养。同时,加强对学生的信息技术培训,使他们能在信息化环境中游刃有余地学习。

(三)强化师生互动

在高校英语教学过程中,课堂提问、讨论和小组合作等师生互动被视为提升学生口语表达能力和思维活跃度的重要策略。为了更好地实施这一策略,可以借鉴和运用以下几个具体操作方法。

(1)创设课堂互动环境。教师通过设计各种问题、案例和讨论等方式,引导学生积极参与课堂活动,从而提高他们的口语表达能力。这种方法可以让学生在思考问题的过程中,不仅提高自己的表达能力,还能锻炼自己的倾听和理解能力。教师在此过程中应适时给予反馈,以鼓励学生勇于表达自己的想法。

(2)采用小组合作学习。教师将学生分成不同的小组,让他们在小组内进行讨论、角色扮演等活动。这样既能培养学生的团队协作能力,也能提高他们的思维活跃度。在小组合作学习中,学生可以相互倾听、相互学习,从而取长补短,提高自己的综合素质。教师在组织小组合作活动时,要确保每名学生都能积极参与,发挥自己的优势。

(3)创设多元化互动方式。教师可以尝试多种互动形式,如小组竞赛、演讲比赛、角色扮演等,激发学生的学习兴趣,提高他们的参与度。这些活动既能锻炼学生的口语表达能力,也能培养他们的团队协作精神和思维活跃度。在此过程中,教师要关注学生的表现,给予有针对性的指导和评价,帮助他们不断进步。

(四)注重个体差异

在教育的世界里,每名学生都是独一无二的个体,他们的成长与发展离不开教师的关注和引导。为了更好地满足每名学生的需求,实现个性化教育,教师可以采取以下具体策略。

(1)深入了解学生的需求和兴趣。教师可以通过多种途径,如观察、问卷调查、个别谈话等,全面了解学生的学习需求和兴趣爱好。这有助于教师更好地把握学生的个性化特点,为开展个性化教学提供有力依据。

（2）精心提供个性化的教学资源。教师应根据学生的需求和兴趣，有针对性地挑选和提供教学资源。这些资源可以包括教学视频、电子书籍、在线课程等，旨在激发学生的学习兴趣，帮助他们拓宽视野，提高综合素质。

（3）有针对性地提供个性化学习指导。教师要关注学生的学习过程，发现他们的学习特点和优势，从而提供针对性的学习方法指导和策略指导。这有助于学生找到适合自己的学习方法，提高自身的学习效果，增强自信心。

（五）培养学生自主学习能力

在当前教育环境中，应当高度重视培养学生的自主学习能力，让他们在解决问题的过程中感受到学习的乐趣和成就感，从而为终身学习打下坚实的基础。为了实现这一目标，教师可以从以下几个方面来实施具体的操作策略。

（1）创设有利于自主学习的环境。教师可以利用在线学习平台、自主学习小组等形式，为学生提供一个自由探索、互动交流的空间。在这样的环境中，学生可以更好地发挥自己的主观能动性，提高自主学习能力。

（2）培养学生的自主学习意识。教师可以通过设计各种问题、案例和讨论等方式，引导学生独立思考，培养他们自主学习的意识。在这个过程中，学生将逐渐学会独立解决问题，从而为终身学习奠定基础。

（3）提供丰富的自主学习资源。教师应根据学生的需求和兴趣，为他们提供各类教学视频、电子书籍等学习资源。这样既能满足学生在自主学习过程中的信息需求，也能激发他们的学习兴趣，提高学习效果。

（4）关注学生的学习进度和成果，及时给予反馈和鼓励。教师可以通过在线平台、课堂评价等方式，了解学生的学习情况，为他们提供有针对性的指导。同时，要关注学生的心理健康，帮助他们树立自信心，克服学习中的困难。

（六）开展多元化评价

在高校英语教学实践中，形成性评价和终结性评价相结合被视为全面评估学生语言水平、学习过程和成果的有效方式。这种方式旨在通过多角度、全方位的评价,真实地反映学生在学习过程中的表现和成果。具体操作方法如下。

（1）设计多元化的评价方式。教师应根据学生的学习特点和需求,设计出涵盖课堂表现、作业质量、学习成果等多个方面的评价方式。课堂表现方面,应关注学生的发音、语法、词汇运用等能力;作业质量方面,应评估学生的书写能力、思考深度、创新意识等;学习成果方面,应考查学生的知识掌握程度、技能运用水平、学习成长状况等。这些多元化的评价方式可以全面反映学生的语言水平、学习过程和成果。

（2）采用多元化的评价标准。为了更好地评估学生的综合能力,教师可以采用定量评价、定性评价、综合评价等多种评价标准。定量评价应通过测试、问卷调查等方式,收集具有量化属性的数据,为评价提供客观依据;定性评价通过观察、访谈等方法,深入了解学生的学习状况,为评价提供丰富的人文背景;综合评价则是对学生各方面的表现进行综合分析,从而得出全面、客观的评价结果。

（3）注重评价的反馈作用。教师应充分利用评价结果,及时向学生反馈,帮助他们了解自己的学习状况,找出不足之处,调整学习策略。同时,鼓励学生自我反思,培养他们自主学习的能力和意识。此外,教师还可以根据评价结果,对教学方法和教学内容进行调整,以提高教学效果。

第二节 翻转课堂教学模式

一、翻转课堂教学模式概述

翻转课堂教学模式是一种新兴的教育方式,它颠覆了传统的教学流程,让学生在课外时间进行自主学习,而课堂时间则用于学生与教师之间的互动、交流和探讨。这种模式将传统课堂的被动接受转变为主动探究,为学生提供更多实践和合作的机会,有助于提高学生的学习兴趣和积极性,进而提升教学效果。下面就翻转课堂教学模式进行概述。

（一）翻转课堂教学模式的定义

翻转课堂教学模式是一种创新的教学方法，其核心思想是将传统课堂中的教学顺序进行颠倒。在传统的教学模式中，通常是教师在课堂上进行知识的讲授，然后学生在课后进行复习和完成作业。而翻转课堂教学模式则要求学生在课前通过观看教学视频、阅读教材等方式自主学习新知识，课堂上主要讨论、交流和解决问题。

这种教学模式不仅改变了学生的学习方式，也对教师的教学方式提出了更高的要求。教师需要提前准备好丰富多样的教学资源，引导学生进行有效的自主学习，并在课堂上组织有效的讨论和交流，帮助学生深化理解、巩固知识。

翻转课堂教学模式的实施需要依托先进的教学技术和教学平台。通过数字化教学资源的建设和应用，教师可以更加方便地制作和发布教学视频、课件等教学资源，学生也可以更加方便地进行自主学习和互动交流。同时，教学平台还可以提供数据分析、学习评估等功能，帮助教师更好地了解学生的学习情况，及时调整教学策略。

翻转课堂教学模式的应用不仅可以提高学生的学习效率和兴趣，还可以培养学生的自主学习能力和合作精神。在翻转课堂中，学生需要更加主动地参与到学习中来，通过与同学和教师的交流互动，加深对知识的理解和应用。同时，翻转课堂还可以促进学生的个性化学习，满足不同学生的学习需求。

（二）翻转课堂教学模式的特征

1. 教学视频短小精悍

在翻转课堂模式下，教学视频的设计和应用显得尤为重要。这种模式下，教学视频短而精，即视频的时间应尽量简短，控制在10分钟左右。这种设计有利于学生集中注意力，快速吸收视频中的信息。同时，简短的视频也便于学生在课后自主学习，提高学习效率。此外，教学视频精要简练的特点不仅体现在视频内容的精练上，还体现在视频制作流程的精简上。视频制作应尽量避免繁琐的流程，提高制作效率，以便教师有

第五章 课程思政理念下高校英语教学质量提升的模式

更多的时间进行课堂辅导和答疑。

在内容上,教学视频应涉及一个或两个知识点。这既保证了视频的针对性和实用性,又使视频节奏更加紧凑,易于学生理解和掌握。同时,通过视频教学,教师可以更好地引导学生进行自主学习,培养学生的独立思考和解决问题的能力。在实际教学中,视频的设计和应用应与翻转课堂的其他环节相协调,形成一个完整的教学体系。例如,在教学视频制作完成后,教师可以通过线上平台发布视频,学生可以在课前观看,课堂上进行讨论和互动,课后进行复习和巩固。这样教学视频才能真正发挥其在翻转课堂中的作用,提高教学效果。

2. 学生的个性化发展

通过翻转课堂,教师可以更好地了解学生的学习需求,并根据不同学生的学习能力和知识吸收情况,提供个性化的指导,从而最大限度地帮助所有学生得到全面发展。

首先,翻转课堂有助于提高学生的自主学习能力。在传统的教学模式中,学生通常依赖于教师的课堂讲解来获取知识。然而,翻转课堂却将课堂的重心从教师的讲解转向了学生的自主学习。学生可以在课前通过教师发布的学习资料,如视频、PPT、练习题等,来预习课程内容。这样一来,学生在上课时就可以更加主动地参与课堂讨论,提出问题,发表观点,从而提高学习效果。

其次,翻转课堂有助于提高教师的教学效果。通过翻转课堂,教师可以更好地了解学生的学习进度和需求,从而更有针对性地进行教学。教师可以在课前通过查看学生的学习资料,了解学生的学习困难和问题,并在课堂上进行有针对性的讲解和指导。这样一来,教师可以更好地引导学生进行深入学习和思考,从而提高教学效果。

此外,翻转课堂还有助于提高学生的学习兴趣和动力。在传统的教学模式中,学生通常需要等待教师的讲解,而翻转课堂却将课堂的主动权交给了学生。学生可以在课前自主选择学习资料,制订学习计划,从而更加主动地参与到学习中来。这样一来,学生可以更好地体验到学习的乐趣和成就感,从而提高学习兴趣和动力。

二、课程思政理念下高校英语翻转课堂教学的优势

在课程思政理念的引领下,高校英语翻转课堂教学展现出了显著的优势。

(一)有助于提升学生的自主学习能力

在传统的教学模式中,学生往往被动地接收知识,而在翻转课堂中,学生需要提前预习课程内容,主动寻找资料,这就使学生能够更加主动、更加积极地参与到学习中来。同时,翻转课堂还能够培养学生的批判性思维和创新能力,因为学生在预习过程中需要独立思考,提出自己的见解和疑问,这对于提升学生的思辨能力有重要作用。

(二)有助于加强师生互动,促进教学相长

在翻转课堂中,教师可以通过线上线下的方式与学生进行实时互动,了解学生的学习情况,解答学生的疑问。这不仅可以帮助学生更好地掌握知识,还可以促进教师不断反思自己的教学方法,提升教学质量。同时,翻转课堂还鼓励学生之间的合作学习,通过小组讨论、团队协作等方式,培养学生的协作精神和沟通能力。

三、课程思政理念下高校英语翻转课堂教学的实施策略

翻转课堂作为一种新兴的教学模式,近年来在国内外教育领域受到了广泛的关注和应用。而在课程思政理念的指导下,高校英语翻转课堂教学不仅能够提高学生的英语能力,还能够培养学生的思想政治素质。那么,如何在课程思政理念下实施高校英语翻转课堂教学呢?以下是一些实施策略。

第五章
课程思政理念下高校英语教学质量提升的模式

（一）明确课程思政的目标与要求

在现代教育中,课程思政已经成为一项重要的教育理念。它强调在英语教学中融入思想政治教育,以培养学生的全面素质。在实施翻转课堂教学之前,教师必须明确课程思政的目标与要求,以确保教学活动能够有效地促进学生的思想政治素质发展。

首先,明确课程思政的目标是关键。英语作为一门语言课程,不仅承载着传授语言知识和技能的任务,还承载着培养学生跨文化交际能力、批判性思维能力和创新能力的责任。同时,英语课程也是培养学生思想政治素质的重要途径。因此,教师应深入研究课程思政的理念和要求,将英语课程与思想政治教育紧密结合,明确课程在培养学生思想政治素质方面的目标和任务。

其次,教师应根据课程思政的目标,有针对性地设计翻转课堂教学的内容和方式。翻转课堂教学是一种以学生为中心的教学模式,强调学生的主动性和自主性。在翻转课堂教学中,教师可以通过课前自主学习、课堂互动讨论、课后反思总结等方式,引导学生深入探究英语知识背后的文化内涵和价值观念,培养学生的思辨能力和跨文化交际能力。同时,教师还可以通过设计具有思想政治教育意义的课堂活动,如主题演讲、角色扮演、小组讨论等,让学生在实践中体验和感悟社会主义核心价值观,提升他们的思想政治素质。

为了更有效地实施翻转课堂教学,教师还需要注意以下几点。首先,教师应根据学生实际情况和课程特点,合理安排课前自主学习的内容和难度,确保学生能够充分准备并参与课堂讨论。其次,教师应创造积极的课堂氛围,鼓励学生大胆表达自己的观点和想法,促进课堂互动和交流。最后,教师应及时给予学生反馈和评价,帮助他们总结学习经验,提高学习效果。

（二）创新教学方法和手段

在传统的教学模式下,学生通常是在课堂上被动地接收知识;而在翻转课堂的教学模式下,学生的角色发生了转变,他们成为主动的学习者,需要在课外进行自主学习和合作学习。这就要求教师改变传统的教学方法,采用更加灵活多样的教学手段,以适应新的教学模式。因此,教师应采用多种教学方法和手段,如小组讨论、案例分析、角色扮演等,激发学生的学习兴趣和积极性。同时,教师还应利用现代信息技术手段,如网络平台、教学软件等,为学生提供丰富的学习资源和便捷的学习方式。

(1)小组讨论。在翻转课堂中,教师可以根据课程内容设计一些具有启发性的问题,让学生在小组内进行讨论,激发他们的思维,提高他们的思考能力和解决问题的能力。

(2)案例分析。在翻转课堂中,教师可以选取一些与课程内容相关的实际案例,让学生进行分析和讨论,从而加深对课程内容的理解和记忆。

(3)角色扮演。在翻转课堂中,教师可以根据课程内容设计一些角色扮演活动,让学生在模拟的情境中进行互动,提高他们的学习兴趣和参与度。

除了以上几种教学方法外,教师还可以利用现代信息技术来丰富教学手段。例如,教师可以利用网络平台为学生提供在线学习资源和学习指导,帮助他们更好地进行自主学习和合作学习;可以利用教学软件来辅助课堂教学,如制作多媒体课件、进行在线测试等,提高教学效果和学生的学习效率。

(三)注重培养学生的思辨能力和创新能力

翻转课堂强调学生的主体性和参与性,注重培养学生的思辨能力和创新能力,以适应日益复杂多变的社会环境。

思辨能力是指学生在面对问题时,能够运用所学知识进行分析、判断和评价的能力。在翻转课堂中,教师可以通过设计具有挑战性的问题,引导学生进行深入的思考和讨论。同时,教师还可以组织学生进行小组合作,让他们在相互交流和碰撞中拓展思路,提升思辨能力。

创新能力则是在思辨能力的基础上,学生能够提出新颖、有价值的想法和解决方案的能力。翻转课堂为学生提供了丰富的实践机会,让他们在实践中发现问题、解决问题,从而培养他们的创新意识和实践能力。例如,教师可以结合课程内容,组织学生进行项目式学习,让他们通过实际操作来探索知识的应用和创新的可能性。此外,在翻转课堂教学中,教师还应注重培养学生的跨文化意识和国际视野。随着全球化的深入发展,具备跨文化沟通能力的人才越来越受到社会的青睐。因此,教师可以通过引入多元文化的教学内容和方法,让学生了解和尊重不同文化背景下的价值观和行为习惯,培养他们的跨文化意识和国际竞争力。

(四)加强评价与反馈

在翻转课堂教学模式下,学生的自主学习和合作学习被置于至关重要的地位。为了确保这种地位的稳固,加强评价与反馈机制显得尤为重要。

首先,翻转课堂的评价方式需要与时俱进,要摒弃传统的单一评价方式。在翻转课堂中,学生的学习过程更加注重深度参与和互动合作。因此,评价方式也应相应地采用多元化手段,以便更全面地了解学生的学习情况和问题。例如,自我评价可以让学生对自己的学习进度和效果进行反思,互评能促进学生之间的交流和合作,而教师评价则能提供更具专业性的指导。

其次,及时的反馈和指导对于翻转课堂的成功实施至关重要。在传统的教学模式中,教师往往只在课后或考试后给予学生反馈,这种滞后的反馈方式无法满足翻转课堂的教学需求。在翻转课堂中,教师应随时关注学生的学习动态,发现问题及时给予指导和帮助。这种即时的反馈机制不仅可以帮助学生及时调整学习策略,还能激发他们的学习积极性和主动性。

加强评价与反馈在翻转课堂教学中具有举足轻重的地位。通过采用多元化的评价方式和实施即时的反馈机制,教师不仅可以全面了解学生的学习情况和问题,还能帮助他们改进学习方法和提高学习效果。这样一来,翻转课堂教学模式才能真正发挥其优势,为培养具有自主学习能力和创新精神的学生创造有利条件。

第三节 慕课与微课教学模式

一、慕课教学模式

慕课,即大规模开放在线课程(Massive Open Online Course),自诞生以来便迅速风靡全球,成为教育领域的一大革新。慕课教学模式以其开放性、互动性、个性化和便于评价反馈等特点,为学习者提供了一种全新的学习体验。然而,慕课教学模式也面临着一些挑战,如何保证课程质量、如何促进学习者的持续学习等。因此,在课程思政理念下,慕课教学模式应该不断革新。

(一)慕课教学模式的内涵

慕课这种新型的教学模式不仅改变了传统的学习方式,也为教师提供了新的教学思路和手段。那么,慕课教学模式的内涵究竟是什么呢?

首先,慕课教学模式强调了教学的开放性。在传统的教学模式中,教学往往局限于特定的时间和空间,而慕课则打破了这种限制。任何人只要与互联网连接,就可以随时随地参与学习,无须受到地域、时间、学校等条件的限制。这种开放性使教育资源得到了更加广泛的共享,为更多人提供了接受高质量教育的机会。

其次,慕课教学模式注重学生的自主性。在慕课平台上,学生可以根据自己的兴趣、需求和节奏进行学习,自主选择课程内容和进度。这种自主性的学习方式能够激发学生的学习兴趣和动力,培养他们的主动探究能力和自主学习能力。

再次,慕课教学模式具有互动性强的特点。通过在线讨论、作业提交、互评等方式,学生可以与教师、同学进行实时交流和互动,共同探讨问题、分享经验。这种互动不仅能够加深学生对知识的理解和掌握,还能够培养他们的合作精神和沟通能力。

第五章
课程思政理念下高校英语教学质量提升的模式

最后,慕课教学模式还具有灵活性和可扩展性的特点。慕课平台上的课程种类丰富多样,涵盖了各个领域的知识和技能。学生可以根据自己的兴趣和需求选择不同的课程进行学习,实现个性化发展。同时,慕课平台还可以根据学生的学习情况和反馈进行课程优化和更新,以满足不断变化的学习需求。

(二)课程思政理念下高校英语慕课教学的优势

在当前的高等教育体系中,课程思政理念已经深入人心,成为培养学生综合素质和社会责任感的重要途径。在这一理念的指导下,高校英语慕课教学展现出了其独特的优势,为培养具有全球视野和跨文化交际能力的新时代人才提供了有力支持。

首先,课程思政理念下的英语慕课教学具有跨时空的特性。借助先进的在线教育平台,学生可以在任何时间、任何地点学习英语课程,打破了传统课堂的时空限制。这种灵活的学习方式不仅提高了学生的学习效率,还有助于培养他们的自主学习能力和终身学习的习惯。

其次,英语慕课教学在课程内容上注重思政元素的融入。通过将思政内容与英语知识相结合,慕课课程能够在传授语言技能的同时,引导学生思考社会现象、价值观念和文化差异等的问题。这种综合性的教学方式有助于培养学生的批判性思维能力和跨文化交际能力,使他们在学习英语的同时,也能够形成正确的世界观、人生观和价值观。

最后,英语慕课教学还具有交互性和个性化特点。通过在线讨论、作业提交、实时反馈等方式,学生可以与教师和其他学习者进行互动交流,分享学习心得和体验。这种互动式的学习方式不仅能够激发学生的学习兴趣和动力,还能够提高他们的学习效果和质量。同时,慕课平台还可以根据学生的学习需求和兴趣爱好提供个性化的学习资源和学习路径,满足学生的不同需求,促进他们的全面发展。

(三)课程思政理念下高校英语慕课教学的实施策略

课程思政理念强调在英语教学中融入思想政治元素,培养学生的综合素质和社会责任感。在高校英语慕课教学中,实施课程思政理念需要采取一系列策略,以确保教学效果和学生的学习成果。

首先，教师应深入挖掘英语教材中的思政元素，将其与课程内容有机结合。通过对教材中的主题、情境和对话进行深入分析，教师可以引导学生发现其中的思政内涵，从而培养学生的思辨能力和批判性思维。

其次，教师应创新教学方法，注重启发式教学和互动式教学。通过设计富有启发性的问题和情境，引导学生主动思考和探索，激发学生的学习兴趣和动力。同时，教师应充分利用慕课平台提供的互动功能，如在线讨论、作业提交和实时反馈等，加强师生之间的互动和交流，提高教学效果。

再次，教师应注重培养学生的跨文化意识和国际视野。在英语慕课教学中，学生将接触到来自不同文化背景的知识和信息，教师应引导学生关注不同文化之间的差异和共性，培养学生的跨文化理解能力和尊重意识。同时，通过引入国际前沿的研究成果和案例，教师可以帮助学生了解全球化和国际化的趋势和挑战，培养学生的国际视野和竞争力。

最后，教师应建立多元化的评价体系，全面评估学生的学习成果。除了传统的作业和考试等评价方式外，教师还可以引入在线测试、学习日志、小组讨论等多种评价方式，全面了解学生的学习情况和发展趋势。同时，教师应注重过程性评价和结果性评价相结合，以鼓励学生在学习过程中积极参与探索。

二、微课教学模式

随着信息技术的飞速发展和教育改革的不断深入，微课作为一种新型的教学模式，逐渐受到了广大教育工作者的关注和应用。微课教学模式以其短小精悍、针对性强、交互性好等特点，成为教育领域的一种重要创新。

（一）微课教学模式的定义

2008年，美国新墨西哥州圣胡安学院的戴维·彭罗斯（David Penrose）最先提出微课的概念，他认为微课是利用建构主义理论进行构建的、以线上学习和移动学习为主的教学形式，是一种基于在线课程

第五章
课程思政理念下高校英语教学质量提升的模式

而优化得到的更快捷方便的新型教学模式。[①]

胡铁生教授是我国最早研究微课的人,也是最早给微课下定义的人。2011年10月,他对微课的概念进行了界定,认为微课是根据课程标准和课堂教学实际,以教学视频为主要载体,记录教师在课堂实际教育教学中针对某一个具体的知识点或其中的一个教学环节,而开展的精彩教与学活动中所需要的多种教学资源的有机结合体。[②] 此后的大多数研究者在进行微课研究时,均根据微课的发展现状,结合自身经验对微课进行重新定义,总体可分为三类:一类强调"微",认为微课是短小精悍的视频;一类强调"课",认为微课与传统课堂相同,也需要教学目标、教学重难点、教学过程、习题、课件等;还有一类强调"资源",认为微课是由一系列微视频组成,以供学习者利用网络实现在线学习的资源。[③]

作者根据自身的微课使用经验,结合以上不同学者对微课的定义,概括了自己对微课理解。微课教学主要是指针对教学中某个具体的知识点或者单个习题、实验进行针对性的讲解,以短小精悍、录制时长一般在5～8分钟的视频为主要载体的知识传授过程。教师课上播放的某些趣味视频或生活现象视频也是微课资源的重要组成部分,与微课教学有关的其他资源(如微课的教学设计、各种素材、反思、测验、学生反馈等)也是设计与制作微课不可或缺的部分。这些资源以各种在线平台或微博、微信等网络软件为媒介,非常方便地实现了资源传播和共享。学习者只需利用互联网和电子设备(手机、平板等)就可以随时随地进行自主、个性化的学习。

(二)微课教学模式的特点

1. 内容的针对性

主题突出鲜明是微课的一大优势和特点设计微课时,必须明确教学

[①] 许爱军,陈昭喜.微课的内涵分析及其设计应用[J].当代教育理论与实践,2017(01):84-88.
[②] 胡铁生.微课:区域教育信息资源发展的新趋势[J].电化教育研究,2011(10):61-65.
[③] 胡铁生,黄明燕,李民.我国微课发展的三个阶段及其启示[J].远程教育杂志,2013,31(04):36-42.

主题,教学内容必须具有针对性,可根据教学重难点或者学生反馈。一节微课只需集中解决某个具体的知识点,以满足学生的具体需要。一节优质微课要以满足学生的个性需求为目标。

2. 时长较短

在设计微课时,总时长尽量控制在 5~8 分钟,最长不超过 10 分钟,这样学生才能始终保持注意力集中,全身心地投入到学习当中。这就要求教师在设计微课时做到每一秒钟都和教学主题相关,避免对其他无关内容的引入和讲解,不能将传统授课的教学思维带入简短的微课设计中。

3. 过程的完整性

微课虽然时间短、内容少,但也并不是知识点的简单浓缩,而应该是一个系统且完整的教学过程,应当包括微课引入、内容讲解、归纳总结三个基本的教学环节。

(三)课程思政理念下高校英语微课教学的优势

在当前的教育背景下,课程思政理念逐渐融入各类学科的教学之中,而高校英语微课教学正是在这一理念指导下展现出其独特的优势。以下是几个显著的优势。

1. 提高学生的学习兴趣与参与度

微课教学采用短小精悍的视频形式,内容丰富多样,能够迅速吸引学生的注意力。通过结合思政教育内容,教师可以设计更具启发性和互动性的教学活动,从而激发学生的学习兴趣,提高他们的课堂参与度。

2. 促进跨文化理解与沟通

英语课程本身具有跨文化交流的特点,而课程思政理念的融入则进一步强化了这一特点。通过微课教学,教师可以引导学生深入了解不同文化背景下的价值观、社会习俗等,促进他们的跨文化理解和沟通能力发展,为未来其参与国际交流与合作打下坚实基础。

第五章 课程思政理念下高校英语教学质量提升的模式

3. 培养学生的思辨能力与批判性思维

微课教学注重启发学生的思考,鼓励他们提出问题、分析问题并解决问题。在思政教育的背景下,这种思辨能力和批判性思维的培养尤为重要,有助于学生在面对复杂的社会问题时,做出明智的判断和选择。

4. 增强教学的灵活性与时效性

微课教学不受时间和地点的限制,学生可以随时随地进行学习。这种具灵活性的教学方式不仅方便了学生的自主学习,也便于教师根据社会热点和时事动态更新教学内容,保持教学的时效性。

5. 促进师生互动与合作

微课教学注重师生之间的互动与合作,教师可以通过在线平台与学生进行实时交流,解答学生的疑问,提供个性化的学习建议。这种互动与合作的教学方式有助于建立良好的师生关系,提高教学效果。

(四)课程思政理念下高校英语微课教学的实施策略

在课程思政理念的指导下,如何将微课教学与思政教育有机结合,既提升学生的英语水平,又培养其思辨能力和社会责任感,成为当前高校英语教学面临的重要问题。

1. 明确课程思政目标,构建微课教学体系

在实施微课教学时,首先要明确课程思政的目标,即将思政教育融入英语教学之中,培养学生的跨文化交流能力、批判性思维和全球视野。在此基础上,构建与课程思政目标相契合的微课教学体系,应包括微课内容的选择、教学方法的运用以及评价体系的建立等方面。

2. 挖掘英语教材中的思政元素,丰富微课内容

英语教材中蕴含着丰富的思政元素,如各类文本反映出的文化、价值观念、社会责任等的差异。在微课教学中,教师应充分挖掘这些元素,将其与英语教学内容相结合,设计出既具有知识性又具有思想性的微课。通过案例分析、角色扮演等教学活动,让学生在语言学习的同时,深

刻领悟思政教育的内涵。

3. 运用多种教学手段,增强微课教学的实效性

微课教学具有时间短、内容精练的特点,因此,在教学过程中,教师应运用多种教学材料,如多媒体、网络资源等,增强微课教学的实效性。同时,还应注重学生的个体差异,采用个性化的教学方法,激发学生的学习兴趣和积极性。

4. 建立完善的评价体系,保障微课教学的质量

课程思政理念下的微课教学评价体系应既关注学生的语言水平提升,又注重其思政素养的培养。因此,在建立评价体系时,应充分考虑学生的全面发展需求,采用多元化的评价方式,如自我评价、同伴评价、教师评价等,全面了解学生的学习情况,并及时调整教学策略。

5. 加强师资队伍建设,提升微课教学水平

教师是微课教学的实施者,其专业素养和教学能力直接影响着微课教学的效果。因此,高校应加强对英语教师的培训和管理,提升其课程思政理念和微课教学能力。通过组织专题培训、教学研讨等活动,帮助教师深入理解课程思政的内涵和要求,掌握微课教学的设计和实施技巧,为微课教学的顺利开展提供有力保障。

第四节 混合式教学模式

一、混合式教学模式概述

(一)混合式教学的概念

混合式教学是一种传统面对面教学和在线教学相结合的教学模式。它将两者的优点结合在一起,旨在为学生提供更加灵活、多样化和个性

第五章 课程思政理念下高校英语教学质量提升的模式

化的学习体验。在混合式教学中,教师可以使用在线工具和平台来辅助课堂教学,如在线课程、学习管理系统,社交媒体等。这些工具可以帮助学生随时随地学习,并提供更多的互动机会。面对面教学则可以通过小组讨论、演示、讲解等方式来深化学生对知识的理解和应用。

混合式教学不仅可以提高学生的学习效果,还可以帮助教师更好地评估学生的学习进度和成果。通过在线测试和作业,教师可以及时了解学生的学习情况,并给予及时的反馈和指导。此外,混合式教学还可以促进师生之间的交流和互动,增强学生的学习动力和兴趣。然而,混合式教学也存在一些挑战和限制。例如,教师需要花费更多的时间和精力来设计和准备混合式教学课程,同时还需要掌握更多的在线教学技能和工具。此外,学生也需要具备一定的自主学习能力和在线学习经验,才能更好地适应混合式教学。

在混合式教学中,教师角色发生了很大的变化。他们不再是知识的传递者,而是引导者、指导者,帮助学生进行自主学习。教师需要根据课程特点和学生需求,设计有针对性的教学方案,将课程内容进行合理分割,以便学生能够分阶段完成学习任务。在这一过程中,教师要注重培养学生的自主学习能力,引导他们养成良好的学习习惯。

混合式教学对学生的学习方式也提出了新的要求。学生需要充分利用网络资源,如教学视频、课件、文献资料等,进行自主学习。此外,学生还要积极参与小组讨论,与他人分享学习心得,提高自己的沟通能力和团队合作精神。在这种学习模式下,学生要学会如何管理自己的时间,合理安排学习进度,以实现高效学习。

混合式教学的实施离不开先进信息技术的支持。学校应加大投入,改善网络硬件设施,为师生提供便捷、高效的信息交流平台。同时,教育部门要积极推动教育教学改革,引导教师转变观念,提高混合式教学水平。此外,社会也要关注和支持混合式教学的发展,使这一模式能为培养具有创新精神和实践能力的新一代人才贡献力量。

混合式教学作为一种新时代的教育模式,具有巨大的发展潜力。因此,高校应充分发挥其优势,推动教育教学改革,为提高我国教育质量和培养创新型人才作出贡献。未来,混合式学习将在我国教育领域发挥更加重要的作用,为全面提升国民素质和综合国力奠定坚实基础。

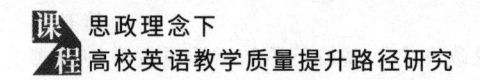

(二)混合式教学模式的特征

1. 混合性

混合式教学不同于单一的传统课堂教学和在线网络教学,混合性是该模式最大的特征。混合式教学有机结合了传统课堂教学和在线网络学习两种独立教学模式,充分发挥二者优势,以实现教学质量的提高和教学效率的提升。首先,在线网络学习的优势得以保留。在线网络教学突破了时空的限制,学习时间和地点不再拘泥于课堂和教室,学习内容也不再局限于教材。其次,传统课堂教学的优点得以保留。在传统课堂中,教师可以系统地为学生讲授课程内容,面对面的教学互动可以在一定程度上弥补学生因单一线上学习而出现的现实交流缺失,帮助学生健康全面、自由完善地发展。

2. 整体性

混合式教学包含线上网络学习和线下课堂教学两部分,但混合式教学模式的有效开展需要摒弃碎片化思维,用综合化思维来处理,即根据具体的课程和学科特点优选要素组合以构建线上线下混合式的高效课堂。在混合式教学中,线上网络学习和线下课堂教学两环节都是必不可少的,因此两环节是否能完美衔接过渡成为混合式教学开展成功与否的关键,特别是知识内容的衔接应做到由浅到深、层层递进。此外,教师在进行混合式教学实践时还需要结合教学规律、原则、任务、方法及条件等对教学过程做出科学合理的安排,以实现混合式教学过程的整体优化,从而追求在规定时间内达到最佳的教学效果。

3. 发展性

相对于传统课堂教学,混合式教学模式实现了学习时间、空间与内容的开放性与发展性,具体表现有三个方面。首先,时间上从课内向课外延伸;其次,空间从教室向网络空间拓展;最后,内容从教材向广泛资源扩充,丰富的网络资源开阔了学生的视野,为学生个性的全面发展创造了现实的有利条件。可见,混合式教学模式具有前沿性、时代性和开放性,该模式的运用有利于培养学生的创造性和发散性思维,提升学生的综合能力。

4. 高效性

混合式教学模式坚持以学生为中心,鼓励学生在教师指导下主动建构知识体系。在混合式教学线上环节,学生可以根据自己的认知水平、个性发展需求及兴趣爱好等,自主学习新知识;在混合式教学线下环节,学生在教师指导下对学习内容进行建构与加工,从而掌握知识、增强能力及提升思想境界;此外,在课后,学生可以再次通过平台进行学习巩固,而教师和学生在这一过程中对学习情况能有所了解和发现,从而实现学生精准学习、查漏补缺,教师精准辅导、因材施教。可见,混合式教学模式有助于教学的高效开展。

二、课程思政理念下高校英语混合式教学模式的优势

课程思政理念下的高校英语混合式教学模式不仅融合了传统课堂与线上教学的优点,还注入了思政教育的内涵,使英语教学更加符合时代的需求和学生的特点。以下是该教学模式的几大优势。

（一）提高教学效率和效果

通过线上与线下的有机结合,混合式教学模式可以充分利用碎片化的学习时间,让学生在任何地点、任何时间都能进行学习。同时,线上资源的丰富性和互动性也能激发学生的学习兴趣,提高学习效果。不仅如此,混合式教学模式还为学生提供了更多的学习选择和自主权。在传统的线下教学中,学生往往只能按照教师设定的教学进度和内容进行学习,而混合式教学模式则允许学生根据自己的学习进度和能力进行个性化的学习。通过线上资源,学生可以预习新知识,或者在课后进行巩固和拓展。这种自主学习的方式不仅能够帮助学生更好地掌握知识,还能够培养学生的自主学习能力和终身学习的习惯。同时,混合式教学模式也促进了师生之间的互动和交流。在线上教学中,学生可以随时向教师提问或者参与讨论,而教师也可以及时给予回复和指导。这种即时的互动和交流不仅能够帮助学生解决问题,还能够增强学生的学习体验和归属感。

(二)增强学生的自主学习能力

混合式教学模式鼓励学生进行自主学习,通过线上学习平台,学生可以自主选择学习内容和进度,培养自我管理和自我学习的能力,这种能力将使学生在未来的职业生涯中也受益匪浅。同时,混合式教学模式也注重教师的引导和辅导作用。教师可以通过线上平台发布学习任务、作业和考试,及时给予学生反馈和指导,帮助学生更好地理解和掌握所学知识。这种互动和反馈机制不仅可以提高学生的学习效果,也可以提高教师的教学质量和学生的满意度。

除了以上的优势,混合式教学模式还具有灵活性和可扩展性。教师可以根据学科特点和学生需求,灵活地设计线上和线下的教学内容和活动,以满足不同学生的学习需求和兴趣。同时,随着技术的不断发展和进步,混合式教学模式也可以不断地扩展和更新,以适应未来教育的发展趋势和挑战。

(三)促进思政教育与英语学习的融合

通过将思政教育融入英语教学,混合式教学模式不仅能够培养学生的语言能力,还能够提高学生的思想认识和道德修养。这种融合式的教育方式有助于学生在学习语言的同时,形成正确的世界观、人生观和价值观。

混合式教学模式的出现使教育教学的手段与形式得以不断丰富与创新。特别是在思政教育与英语教学相结合的过程中,这种教学模式的优势得到了充分体现。将思政教育融入英语教学,使学生在掌握英语语言知识的同时,也能够深刻理解中华文化的博大精深,进一步培养了他们的国家情怀和文化自信。在混合式教学模式下,英语教学不再局限于传统的课堂教学,而是与思政教育相结合,形成了线上线下的全方位围合的教育环境。线上教学可以利用多媒体资源,如视频、音频、图像等,生动形象地展示英语知识和思政教育内容,激发学生的学习兴趣和积极性。线下教学则可以通过课堂讨论、角色扮演、演讲等形式,使学生在实践中深化对思政教育内容的理解,提升他们的思辨能力和综合素质。这种融合式的教育方式不仅有助于学生在学习语言的同时,形成正确的世

第五章
课程思政理念下高校英语教学质量提升的模式

界观、人生观和价值观,还能够培养学生的跨文化交际能力,增强他们在全球化背景下的国际竞争力。因此,将思政教育融入英语教学是混合式教学模式在英语教育领域的重要应用之一,也是未来英语教育发展的重要趋势之一。

(四)增强师生互动和生生互动

线上学习平台为师生提供了一个便捷的互动空间,教师可以通过平台发布作业、解答疑问,学生也可以在线上进行讨论和交流。这种互动不仅增强了师生之间的联系,也促进了学生之间的合作与交流。随着技术的不断进步,线上学习平台的功能也在不断完善,使学习变得更加高效和有趣。除了基本的作业发布和答疑功能,现在的线上学习平台还加入了各种互动功能,如在线测试、小组讨论、实时互动等,让学习变得更加多样化和个性化。

在线测试功能可以让学生随时随地进行自我检测,及时了解自己的学习进度和薄弱环节,从而更好地调整学习策略。小组讨论功能可以让学生之间互相交流学习心得和体验,分享学习资源和经验,促进彼此之间的成长和进步。实时互动功能则可以让教师和学生之间进行更加及时和有效的沟通,解决学习中遇到的问题和困惑。通过这些互动功能的使用,线上学习平台不仅为师生提供了便利,还营造了一种积极向上的学习氛围。在这一平台上,每个人都可以发挥自己的优势,分享自己的知识和经验,共同推动学习的进步和发展。

当然,线上学习平台也存在一些问题和挑战,如网络延迟、信息安全等。但随着技术的不断进步和完善,这些问题也将逐渐得到解决。相信在不久的将来,线上学习将成为教育领域的重要发展方向,为更多的人提供更加优质、高效的学习体验。

(五)适应性强,满足不同学生的需求

混合式教学模式不仅可以根据学生的不同需求和特点进行个性化教学,还能够满足不同层次学生的学习需求,为教育公平和提高教育质量作出积极贡献。

混合式教学模式的核心在于其个性化教学的特点。传统的教学模

式往往采用一刀切的教学方式,难以顾及每名学生的个体差异和需求。而混合式教学模式则能够充分利用线上和线下的教学资源,为每名学生提供定制化的学习方案。例如,对于基础薄弱的学生,可以通过线上教学平台提供的基础知识讲解和练习题,帮助他们巩固基础;而对于基础好的学生,则可以提供更高层次的学习资源,如拓展阅读、专题讲座等,以满足他们的学习需求。

混合式教学模式还能够促进教育公平。在传统的课堂教学中,由于时间、空间等因素的限制,往往难以保证每名学生都能够获得平等的教育机会。而混合式教学模式则打破了这种限制,使得每名学生都能够通过网络等渠道获得优质的教育资源。这不仅有助于缩小城乡、区域之间的教育差距,还能够为残疾学生、偏远地区学生等易受不公平对待的群体提供更加便捷、高效的学习途径。此外,混合式教学模式还能够提高教育质量。通过线上线下的有机结合,混合式教学模式能够为学生提供更加丰富、多样化的学习资源和学习方式。这不仅有助于激发学生的学习兴趣和积极性,还能够提高他们的自主学习能力、创新思维能力和实践能力。同时,混合式教学模式还能够为教师提供更加灵活、高效的教学手段和评估方式,有助于提升教师的教学水平和教学质量。

混合式教学模式以其个性化教学、促进教育公平和提高教育质量等优势,成为当今教育领域中备受关注的一种新型教学模式。当然,在实施过程中,教师也需要充分考虑到学生的实际情况和需求,不断完善和调整教学模式和策略,以确保其能够真正发挥出自身应有的作用和价值。同时,教师也需要不断探索和创新,为教育事业的发展注入新的活力和动力。

三、课程思政理念下高校英语混合式教学模式的实施策略

在高校英语教学中,实施混合式教学模式需要充分考虑课程思政的理念,确保语言教学与思想政治教育相互融合,共同促进学生全面发展。以下是几种实施策略。

(一)精选教学内容,融入思政元素

在当今的教育环境中,混合式教学模式越来越受到重视,它结合了

第五章 课程思政理念下高校英语教学质量提升的模式

传统课堂与网络教学的优势,为学生提供了更为灵活和多样的学习体验。在这种模式下,教学内容的选择显得尤为关键。为了确保学生能够全面发展,教师在规划教学内容时,需要紧密结合课程思政的理念,精心挑选那些富含思政元素的教学材料。

经典文学作品是教学内容的宝贵资源。这些作品往往蕴含了深厚的文化底蕴和丰富的思想内涵,为学生提供了认识社会、理解人性的窗口。例如,通过解读《红楼梦》中的家族兴衰,学生可以洞察封建社会的种种弊端,从而增强批判能力和对现代社会的认识。同样,通过阅读《简·爱》等外国文学作品,学生可以感受到主人公的坚韧品质和道德追求,进而激发自身的道德情感和责任感。

社会热点问题也是不可忽视的教学素材。这类话题与学生的日常生活息息相关,容易引起他们的兴趣和共鸣。通过讨论环境污染、贫富差距、科技创新等社会热点问题,教师可以引导学生关注现实,深入思考问题的本质和解决方案。这种教学方式不仅有助于提高学生的思辨能力和批判性思维,还能够培养他们的社会责任感和公民意识。

在混合式教学模式中,教师还可以利用网络平台为学生提供丰富的学习资源和互动机会。例如,可以通过在线讨论区引导学生就某个话题展开深入的讨论,或者通过在线作业和测验检验学生的学习成果。此外,教师还可以推荐一些优质的在线课程或学习资源,供学生自主学习和拓宽视野。

(二)创新教学方法,提升教学效果

在实施混合式教学模式时,教师应创新教学方法,采用线上线下相结合的方式,激发学生的学习兴趣和积极性。线上教学可以利用多媒体资源、网络平台等信息形式和技术手段,提供丰富多样的学习资源和学习方式;线下教学则可以通过小组讨论、角色扮演等活动,促进学生的互动交流和合作学习。同时,教师还应注重评价方式的改革,采用多元化的评价方式,全面评估学生的语言能力和思政素养。

为了实施有效的混合式教学模式,教师需要精心设计每个教学环节,确保线上和线下教学的有机结合。在线上教学环节中,教师可以利用网络平台提供丰富的学习资源,如教学视频、在线讲座、互动练习等,以满足学生多样化的学习需求。同时,教师还可以设置在线讨论区,鼓励学生发表自己的观点和提出疑问,激发他们的思维。线下教学环节则可以通过组织各种形式的活动,如小组讨论、角色扮演、演讲比赛等,让学生在亲身参与中提升自身的语言能力和思政素养。在这些活动中,学生可以相互学习、互相启发,形成良好的学习氛围。此外,教师还需要注重评价方式的改革。传统的评价方式往往只关注学生的成绩,而忽略了学生在学习过程中的表现和发展。因此,在实施混合式教学模式时,教师需要采用多元化的评价方式,使评价项目包括学生的参与度、课堂表现、作业质量、小组合作等多个方面,全面评估学生的语言能力和思政素养。

(三)加强师资培训,提升教师素质

实施混合式教学模式需要教师具备较高的教学水平和信息技术应用能力。因此,高校应加强师资培训,提升教师的专业素质和教学能力。可以通过组织教师参加培训课程、研讨会等活动,学习先进的教学理念和教学方法;同时,还可以鼓励教师开展教学研究和实践探索,不断提升自己的教学水平和创新能力。除此之外,高校还可以采取一些具体的措施,以更好地推动混合式教学模式的实施。

首先,高校可以为教师提供必要的技术支持和资源保障。例如,为教师提供稳定、高效的网络教学平台,确保混合式教学的顺利进行。同时,高校还可以为教师提供必要的硬件设备和软件工具,如投影仪、电脑、录音设备等,以支持教师的教学实践。

其次,高校可以建立健全教学评估和反馈机制。通过对混合式教学模式的评估和分析,了解教学效果和存在的问题,及时调整教学策略和方法。同时,高校还可以鼓励学生参与教学评估,听取学生的反馈和建议,以更好地满足学生的学习需求。

最后,高校还可以加强与其他高校和企业的合作与交流。通过分享经验和资源,共同推动混合式教学模式的创新与发展。同时,高校还可以引入企业先进的技术和理念,为教学注入新的活力和动力。

(四)完善教学管理,保障教学质量

在实施混合式教学模式时,高校应完善教学管理制度,确保教学质

第五章
课程思政理念下高校英语教学质量提升的模式

量得到有效保障。教师可以制订详细的教学计划和教学要求,明确教学目标和教学内容;同时,还应建立教学质量监控机制,定期对教学质量进行检查和评估,及时发现问题并采取措施加以改进;此外,还应加强与学生之间的互动沟通,了解学生的学习需求和意见反馈,不断优化教学方案和提高教学质量。

在实施混合式教学模式时,高校也需要考虑不同学生的特点和不同需求,以便更好地满足他们的学习需要。对于传统的教学方式来说,由于时间和空间的限制,学生很难有机会和教师进行充分的交流和互动。然而,在混合式教学模式下,学生可以通过网络平台随时与教师进行沟通和交流,及时解答疑惑和反馈意见。

为了更好地实现这一目标,高校应该建立健全在线学习平台,提供多样化的学习资源和学习方式,以便让学生可以根据自己的需求和能力进行学习。同时,高校还应该加强对学生的个性化指导,帮助他们制订适合自己的学习计划和学习策略,提高学习效率和成果。

除此之外,高校还需要加强对混合式教学模式的培训和指导,提高教师的教学水平和能力。教师应该掌握现代教学技术和工具,熟悉混合式教学模式的特点和要求,并能够将之灵活运用到实际教学中。同时,高校还应该建立教师交流平台,鼓励教师之间互相学习和交流经验,不断提高教学质量和水平。

第六章　课程思政理念向高校英语教学融入的内容

在课程思政理念下,高校英语教学质量的提升是其题中之义。英语教学不仅是语言知识的传授,更是文化交流、思想碰撞和人格塑造的过程。因此,将思政元素融入英语教学,不仅有助于培养学生的跨文化交际能力,还能增强学生的国家认同感和文化自信。

第六章
课程思政理念向高校英语教学融入的内容

第一节　高校英语基础知识教学中课程思政元素的融入

一、英语词汇与语法知识

（一）英语词汇知识

"虽有佳肴,弗食不知其旨也;虽有至道,弗学不知其善也。"这句古训深刻揭示了教学之于学生知识获取与技能提升的重要性。教学作为知识传递与技能培养的重要桥梁,其意义远超自学。通过系统的教学,学生可以更加高效地获得和巩固知识及技能,同时也能在教师的引导下发展智能、培养品德。

在英语教学中,词汇教学无疑是基础中的基础。将英语作为第二语言的学习,其核心目标在于运用语言进行交流。研究表明,掌握一定数量的高频词汇是进行有效口头交流和书面交流的关键。对于中国的英语学习者而言,根据《中国英语能力等级量表》,语言知识是评估其英语能力的重要维度,其中词汇知识占据核心地位。因此,如何有效地进行词汇教学,成为英语教学中亟待解决的问题。

教学模式作为教学实践的载体,它体现了教学活动之间的内在联系,是教学内容和教学目的得以实现的重要手段。对于词汇教学而言,探索和开发有效的词汇教学模式显得尤为重要。通过优化教学模式,不仅可以提高教师的教学效果,更能提升学生的学习效率,从而帮助他们打好语言基础、提升语言能力、培养核心素养。

具体而言,有效的词汇教学模式应当注重以下几个方面:一是词汇的情境化教学,通过创设真实的语境,让学生在运用中学习和掌握词汇;二是词汇的关联化教学,通过构建词汇网络,帮助学生理解词汇之间的内在联系;三是词汇的重复性教学,通过不断的复习和巩固,确保学生对词汇的持久记忆;四是词汇的拓展性教学,鼓励学生通过阅读、

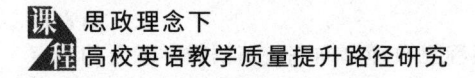

写作等方式,自主提高词汇量。

(二)英语语法知识

语法能力作为学习一种语言所要养成的核心能力,对于第二语言学习者来说具有至关重要的意义。它不仅关乎学习者对于语言规则的理解和掌握,更涉及学习者能否在实际语言环境中准确、有效地运用语言。

语法能力是指学习者运用语法规则和语法知识准确理解语句含义,并且将语法规则和语法知识恰当地运用到生活中去的能力。简言之,语法能力是一种综合性的语言能力,它不仅包括对语法规则的掌握,还包括对语法规则的运用能力。进一步来说,可以从多个角度来理解语法能力的内涵。一方面,语法能力涉及学习者对语言规则的理解。学习者需要通过学习语法规则,理解规则的适用范围、规则之间的联系以及规则背后的语言学原理。这种理解能力不仅包括规则的表面含义,更包括规则的深层内涵。另一方面,语法能力还涉及学习者对语言规则的运用能力。学习者需要在实际语言环境中,根据语境的需要,灵活运用语法规则,表达自己的思想和意图。这种运用能力不仅包括规则的正确使用,更包括规则的创造性运用。

语法能力是第二语言学习的基础,对于学习者有着直接的影响。语法能力的强弱直接关系到学习者对语言规则的理解和掌握程度,进而影响到学习者的语言表达能力。此外,语法能力还关系到学习者对语言的运用能力,学习者需要通过运用语法规则,才能真正地理解语言的意义,才能在实际语言环境中准确、有效地表达自己的思想和意图。

二、高校英语词汇与语法知识教学中课程思政元素的融入

(一)高校英语词汇知识教学中课程思政元素的融入

在高校英语词汇知识教学中,融入课程思政元素不仅是教学创新的一种尝试,更是培养学生全面素养的重要途径。词汇作为语言学习的基石,其背后蕴含着丰富的文化内涵和价值观。因此,将思政元素与英

第六章
课程思政理念向高校英语教学融入的内容

语词汇教学相结合,有助于学生在掌握语言技能的同时,增强国家认同感、文化自信和社会责任感。

教师可以通过挖掘英语词汇背后的文化内涵,融入思政元素。例如,在教授与家国情怀相关的词汇时,教师可以结合中国的传统文化(如所演绎的历史故事),引导学生深入理解这些词汇所蕴含的家国情怀和民族精神。这不仅能够增加学生的词汇量,还能培养他们的爱国情怀和民族自豪感。

教师可以通过设计具有思政元素的词汇学习任务,让学生在实践中体验和学习。例如,教师可以组织学生进行以社会主义核心价值观为主题的文章写作活动,让他们通过运用相关词汇来表达对社会主义核心价值观的理解和认同。这样的任务既能提高学生的词汇运用能力,又能加深他们对社会主义核心价值观的认识。此外,教师还可以借助现代科技手段,如多媒体和网络,来丰富词汇教学的思政元素。例如,教师可以利用网络上的英语新闻、电影、音乐等资源,选取与思政主题相关的内容,让学生在学习和欣赏中感受英语词汇的魅力和背后的文化。

(二)高校英语语法知识教学中课程思政元素的融入

在当今社会,教育不再仅仅是传授知识,而是更加注重培养学生的综合素质和社会责任感。在高校英语语法知识教学中融入课程思政元素,不仅有助于提高学生的英语水平,还能够培养学生的思辨能力和正确的价值观。

通过融入课程思政元素,教师可以引导学生深入思考英语语法背后的文化内涵和社会背景。例如,在英语语法教学中,可以引入一些与文化、历史、社会等相关的内容,让学生了解英语国家的文化和社会现象,从而增强学生的跨文化交流能力和文化自信心。

课程思政元素的融入也可以帮助学生树立正确的价值观。在英语语法教学中,可以通过一些实际案例来引导学生认识到语言与社会的紧密联系,让学生了解语言在社会发展中的重要作用。同时,还可以通过一些具有思想性、教育性的内容来引导学生树立正确的世界观、人生观和价值观,让学生在学习英语语法的同时,也能够受到思想上的启迪和引领。

融入课程思政元素还可以提高英语语法教学的趣味性和实用性。

通过将英语语法与日常生活、社会热点等相结合,可以让英语语法知识更加贴近学生的实际生活,激发学生的学习兴趣和积极性。同时,还可以通过一些实践活动让学生亲身感受英语语法在实际应用中的价值和意义,从而提高学生的英语应用能力和综合素质。

第二节　高校英语基本技能教学中课程思政元素的融入

一、英语听说读写译知识

(一)英语听力知识

英语听力知识涵盖多个方面,对于提高英语交流能力至关重要。

理解英语语言材料是英语听力的基础,包括通过听英语对话、短文、新闻、故事等不同类型的语言材料,理解其中的含义和细节。在听的过程中,需要注意语音、语调、语速和语境的变化,以捕捉说话者的意图和情感。

掌握有效的听力技巧对于提高听力水平至关重要。例如,在听力训练中,可以学习如何快速浏览试卷和题目,预测所听内容及重点;在听的过程中,要注意整体地听,不应孤立地听一个单词或句子,而是要结合上下文语境进行理解;同时,避免因为音节错误或重点信息缺失而导致理解错误。

积累词汇和语法知识也是提高英语听力的重要途径。通过大量的听力练习,学生可以更好地掌握英语的语音、语调、语法和词汇等方面的知识,进而提高自身的口语、阅读和写作能力。

除了以上基础知识,还有一些实用的学习方法和资源可以帮助提升英语听力。例如,可以选择适合自己水平的英语听力材料,如电影、新闻、歌曲等,进行泛听和精听练习。同时,利用现代科技手段,如在线听力平台、英语学习 App 等,可进行个性化的听力训练。

持续的练习和反馈是提高英语听力的关键。通过不断的练习和反

第六章
课程思政理念向高校英语教学融入的内容

思,学生可以发现自己的不足并进行有针对性的改进。同时,与他人进行口语交流或参加模拟考试等实践活动,也可以帮助学生更好地应用所学的听力知识。

根据记忆的三个阶段,听的结果可以细分为感知记忆、短时记忆和长时记忆。

在感知记忆阶段,声音通过人的感觉器官进入大脑,形成初步的印象。在这一阶段,信息以原始的形式被快速捕捉并暂时存储。听者需要根据已有的知识,对这些信息进行初步加工,将其转化为有意义的单位。在母语环境下,感知记忆过程相对容易实现,因为大脑已经习惯了处理这些熟悉的声音信息。然而,当面对非母语,如英语时,感知记忆过程可能会受到挑战。新的声音信息需要大脑进行更复杂的处理,而处理的速度往往不足以应对快速的语言输入。这导致听者可能还没完全理解前一个信息,新的信息就已经进入,从而造成了理解的困难。

接下来是短时记忆阶段,这是信息处理的关键环节。在这一阶段,听者将刚刚听到的信息与长时记忆中的已有信息进行对比和关联。通过这一过程,听者能够构建新的命题,理解语言的意义。然而,由于短时记忆的容量有限,处理速度要求极高,这常常使学习者在处理复杂信息时感到困难。此外,随着信息量的增加,学习者的脑容量可能会超载,导致他们无法从信息中获取意义。然而,随着听力水平的提高,学习者会逐渐积累更多的知识储备,从而提高信息处理能力,更好地应对复杂的语言输入。

当信息经过感知记忆和短时记忆的处理后,进入长时记忆阶段。在这一阶段,听者将所获取的意义与长时记忆中的信息进行整合后存储,从而巩固对命题的理解。如果新信息与已有信息能够相互匹配和关联,那么这些信息就更容易被理解和记忆。此外,大脑还会通过积极思维对信息进行分析和归纳,使其连贯起来,形成新的意义。

然而,在听力技能训练中,学生可能会遇到一些问题,如基本语音知识的欠缺、词汇量的限制、跨文化常识的缺乏、综合性学习技能的不足、母语对听力水平的消极影响、心理素质的欠缺以及教师语言综合运用能力不高等,这些都可能对学生的听力理解产生负面影响。

为了提高学生的听力水平,我们需要从多个方面入手。首先,加强语音知识的教学和训练,帮助学生掌握准确的发音和语音规则。其次,扩大学生的词汇量,增加对跨文化常识的了解,以提高他们对英语国家的文化背景知识的认知和理解。此外,还需要培养学生的综合性学习技能,使他们能够综合运用听、说、读、写等的技巧来提高听力水平。同时,教师也需要不断提高自身的语言综合运用能力,为学生提供更好的教学环境和资源。

(二)英语口语知识

英语口语知识涉及多个方面,包括语音、词汇、语法、日常会话技巧以及表达习惯等。

语音知识是英语口语的基础。掌握正确的语调以及轻重音等的语音规则,能够使学生的口语更加自然流畅。例如,了解音标并正确发元音和辅音,以及掌握连读和失去爆破等语音现象的造成方法,都有助于提高口语的流利度和准确性。

词汇知识是口语表达的关键。积累足够的词汇量,包括常用词汇、日常用语,使用常见表达方式,能够使学生在口语交流中更加自如。同时,学习一些与日常生活相关的词汇,并将其用于实际场景中,可以加深印象并提高口语表达能力。

语法知识也是英语口语中不可或缺的一部分。了解基本的语法规则,如时态、语态、语气等,能够帮助学生组织句子并避免常见的语法错误。在口语中,正确使用语法结构可以使学生的表达更加清晰和准确。

日常会话技巧对于提高英语口语能力至关重要。学习基本的日常会话用语,如问候、介绍、感谢、道歉等,能够使学习者在日常交流中更加得心应手。同时,熟悉不同场合的英语口语表达习惯,如商务场合、一般社交场合等的,也可以帮助学生更好地适应各种口语环境。

模仿和练习是提高英语口语的有效途径。模仿经典英文发音和语调,可以美化学生的英语口音。同时,多与他人进行口语交流,积极参与英语角的或线上语音聊天等活动,也可以帮助学生锻炼口语表达能力并积累实际经验。

(三)英语阅读知识

英语阅读知识涵盖了多个方面,主要包括阅读技能、阅读策略以及阅读材料的选择等。

第六章 课程思政理念向高校英语教学融入的内容

阅读技能是英语阅读知识的核心部分,包括理解词汇和短语的含义、识别语法结构和句子成分,以及把握段落和篇章的主旨和细节。通过阅读不同类型的英语文本,如小说、新闻报道、科技文章和历史文献等,学生可以锻炼和提高这些技能。

阅读策略也是英语阅读知识的重要组成部分。有效的阅读策略可以帮助学生更高效地获取和处理信息。例如,预览文本以获取大致内容,快速浏览以找到关键信息,利用上下文猜测词义,注意段落之间的逻辑关系等。

选择适合自己水平的阅读材料也是提高英语阅读能力的关键。初学者可以选择一些简单的故事、短文等作为起点,随着阅读能力的提高,逐渐挑战难度更大的文章。同时,阅读自己感兴趣的领域的内容,可以使学习过程更有趣,也能更好地理解文本内容。

积累词汇是提高英语阅读理解能力的基础。通过阅读,可以不断积累新词汇,并学习它们在不同上下文中的用法。同时,注意语法和句子结构也是理解文本的重要方面。

(四)英语写作知识

英语写作知识涵盖了从基础的语言知识到高级的写作技巧中的多个关键要素。

语法是英语写作的基础。掌握正确的时态、主谓一致和从句结构等基本语法规则是写出流畅、准确句子的前提。例如,在写作时需要根据具体的语境和需要选择合适的时态,确保主语和谓语动词在人称和数的变化上保持一致,正确使用从句并注意其引导词和语序。

词汇的选择和使用是写作中的重要一环。同义词替换可以避免重复使用某个词,使文章遣词更加丰富多样;掌握常用的词语搭配可以使文章更加地道和流畅;强调句的使用可以突出句子中的关键信息,使文章更具表现力。

除了语言基础知识,写作还需要注重文章的组织和结构。在写作过程中,应该首先明确主题和观点,然后围绕这些观点展开论述。主体段落应该提供支持和论证,而结尾段落则要对文章内容进行总结并使读者留下深刻印象。使用合适的转折词和连接词则可以使句子之间的衔接更加自然流畅。

此外,了解不同的写作风格和表达方式也是英语写作的关键。记叙、议论、抒情、描写、说明和想象等都是常用的表达方式,而托物言志、欲扬先抑、衬托等则是常用的写作方法。掌握这些方式方法可以使文章更具个性和深度。

当然,写作是一个不断练习和改进的过程。多读优秀的英文文章,学习其写作风格和技巧,可以帮助提高自己的写作水平。同时,多写多练也是必不可少的,学生可以通过不断实践来发现自己的不足并加以改进。

(五)英语翻译知识

1. 翻译的定义

翻译是将一种语言中的文字或口头表达转换为另一种语言中的等效表达。这一过程不仅仅是简单的词汇替换,而是涉及语言、文化、语境等多个方面的综合考量。翻译需要译者具备扎实的语言基础、广博的文化知识和敏锐的语境感知能力,以确保翻译结果的准确性和流畅性。

翻译作为一种跨语言、跨文化的交流方式,在人类社会中扮演着重要的角色。无论国际交流是商务合作、文化交流还是学术研究,翻译都发挥着不可或缺的作用。翻译不仅能够帮助人们打破语言障碍,增进相互理解,还能够促进不同文化之间的交流与融合,推动人类文明的发展。

然而,翻译也是一项充满挑战的工作。不同的语言之间存在很大的差异,译者需要花费大量的时间和精力来研究和理解原文,并在另一种语言中寻找等效的表达方式。同时,翻译还需要考虑文化差异和语境因素,以确保翻译结果的准确性和得体性。因此,翻译需要译者具备高度的专业素养和责任心才能够胜任。

2. 翻译的标准

人类的思维千头万绪,语言的现象五花八门,翻译的材料各种各样,因而决定了语言翻译活动涉及知识范围的广阔性和多样性。无论什么样的思想都只能在语言材料的基础上才能产生和存在,所以自然就要对再现另一种语言的翻译工作提出严苛的要求,为满足这种要求而提出的标准就是翻译标准。

第六章
课程思政理念向高校英语教学融入的内容

由于翻译活动并非单纯地对原文的翻印,而是对原文的创造性地再现,因此翻译并非像一些人所想象的那样,是照葫芦画瓢,也不是有一个词就译一个词的堆砌翻译。翻译中所遇到的问题归根结底是表达问题,即表达原文语言在内容和形式上密切联系的整体中所表达的一切。那么,这"一切"又该怎样表达呢?毫无疑问,应该是准确而完整地表达。所说的准确而完整地表达,就是要求译者用标准的本族语再现原作者通过语言所表达的一切,既不能有丝毫的削弱、冲淡或夸大、编造,也不能任意重述、改写或简述、剪裁。在任何情况下都必须准确理解原著精神和作者的本质意图,用正确的语言材料予以表达。

翻译不应当逐字死译,但也不应当臆造。翻译时,要求译者用简洁而地道的本族语言,本质地再现原作者的思想感情或思维意图。要想做到这一点,必须深入研究原文语言在词汇、语法、词义、表现方法等方面与本族语言的异同,深入了解事物的具体实际。

说到这里,可以用鲁迅先生的话来概括上面所谈到的关于翻译标准的见解。鲁迅说:"凡是翻译,必须兼顾着两面:一当然力求其易解,一则保存着原作的丰姿。"这句话的意思就是要求译文语言形式与原作思想内容的辩证统一。

二、高校英语听说读写译知识教学中课程思政元素的融入

（一）高校英语听力知识教学中课程思政元素的融入

随着全球化的发展和信息时代的来临,英语已经成为国际交流的通用语言。在高等教育中,英语听力知识教学一直被视为培养学生语言技能的重要环节。然而,仅仅注重语言技能的培养是不够的,还需要在英语教学中融入思政元素,以培养学生的综合素质和爱国情怀。

第一,英语听力知识教学中可以融入社会主义核心价值观。在听力材料中,教师可以选取体现社会主义核心价值观的内容,如承担社会责任、公平正义、诚信友爱等。教师通过让学生听这些材料,引导他们深入理解并践行社会主义核心价值观,从而培养他们的社会责任感和公民意识。

第二，英语听力知识教学中可以融入中华优秀传统文化。中华优秀传统文化是中华民族的精神财富，也是培养学生文化自信的重要途径。在听力材料中，教师可以选取传统文化元素，如诗词歌赋、经典故事等。教师通过让学生听这些材料，让他们感受中华优秀传统文化的魅力，增强文化自信心和民族自豪感。

第三，英语听力知识教学中可以融入国际视野和人类命运共同体意识。在全球化的背景下，培养学生的国际视野和人类命运共同体意识至关重要。在听力材料中，教师可以选取涉及国际事务、跨文化交流等方面的内容，让学生了解不同国家的文化和价值观，培养他们的国际视野和跨文化交流能力。同时，教师通过引导学生关注全球性问题，如气候变化、环境保护等，培养他们的人类命运共同体意识，让他们意识到自己作为地球村一员的责任和使命。

（二）高校英语口语知识教学中课程思政元素的融入

在中国的高等教育体系中，英语口语教学的重要性日益凸显。然而，仅仅教授语言知识和技能是不够的，教师还需要在英语口语教学中融入思政元素，培养学生的跨文化交际能力和全球视野。

第一，在英语口语教学中强调语言与文化的关系。语言是文化的重要载体，不同的语言背后蕴含着不同的文化价值观。因此，在教授英语口语的同时，教师需要引导学生了解和尊重不同文化的价值观，培养他们的文化敏感性和跨文化交际能力。这不仅可以帮助学生更好地理解和使用英语，还可以促进他们的全面发展。

第二，在英语口语教学中融入社会主义核心价值观。社会主义核心价值观是当代中国精神的集中体现，也应是教师的精神支柱。通过英语口语教学，教师可以引导学生深入理解和传播社会主义核心价值观，帮助他们树立正确的世界观、人生观和价值观。这样不仅可以增强学生的民族自豪感和文化自信，还可以促使他们的社会责任感和公民意识。

第三，在英语口语教学中引入全球治理和国际合作的理念。在全球化的今天，国际合作和全球治理已经成为不可逆转的趋势。通过英语口语教学，教师可以让学生了解全球治理的理念和实践，培养他们的国际视野和全球责任感。这不仅可以帮助学生更好地适应国际环境，还可以促使他们成为具有全球竞争力的优秀人才。

第六章
课程思政理念向高校英语教学融入的内容

(三) 高校英语阅读知识教学中课程思政元素的融入

在高校教育中,英语阅读教学不仅是提高学生语言技能的重要途径,更是培养学生全球视野、跨文化交流能力和批判性思维的重要平台。然而,单纯的语言技能教学已不能满足时代的需求,如何在英语阅读教学中融入思政元素,引导学生形成正确的世界观、人生观和价值观,成为教育工作者需要思考的问题。

第一,英语阅读教学应充分挖掘阅读材料中的思政资源。教材是教学的基础,而阅读材料的选择则是教材质量的关键。教师可以选取一些反映中国优秀传统文化、社会主义核心价值观、国家发展战略等主题的阅读材料,让学生在阅读的过程中了解国家的历史、文化和现状,增强民族自豪感和国家认同感。同时,通过分析阅读材料中的思想内涵,引导学生形成正确的价值判断和道德观念,培养学生的社会责任感和公民意识。

第二,英语阅读教学应注重培养学生的批判性思维。在阅读教学中,教师不应仅仅停留在对文章内容的理解和解释上,而应引导学生对文章进行深入的批判性思考。例如,教师可以组织学生对阅读材料中的观点、论据进行分析和评价,让学生学会辨别真伪、是非和优劣,培养学生的独立思考能力和批判性思维。这样的教学方式不仅有助于提高学生的英语水平,更有助于培养学生的综合素质和社会适应能力。

第三,英语阅读教学应加强与其他学科的交叉融合。在英语阅读教学中融入思政元素,其解读应与其他学科进行交叉融合。例如,教师可以结合历史学、政治学、社会学等学科的知识,对阅读材料进行深入的分析。这样的教学方式不仅可以拓宽学生的知识视野,更可以帮助学生形成全面、系统的知识体系,提高学生的综合素质和创新能力。

(四) 高校英语写作知识教学中课程思政元素的融入

英语写作作为高校英语教学的重要组成部分,不仅是语言技能的训练,更是思维能力和文化意识的培养。在高校英语写作知识教学中融入课程思政元素,不仅有助于提升学生的英语写作能力,还能够培养他们的社会责任感和公民意识。

在英语写作中,学生常常需要就一些社会热点或时事话题进行论述。教师可以引入相关的思政内容,引导学生进行深入的思考和讨论,使他们在写作过程中逐渐形成正确的价值观和道德观。

传统的英语写作教学往往注重语言形式和技巧的训练,而忽略了写作内容的深度和广度。教师可以融入思政元素,引导学生关注社会、历史、文化等多个领域的话题,使他们的写作内容更加丰富多样。

另外,在英语写作中,学生需要运用语言来表达自己的观点和想法。教师可以融入思政元素,帮助学生更好地理解社会现象和时事话题,使他们的观点和想法更加深刻和全面。

(五)高校英语翻译知识教学中课程思政元素的融入

高校英语翻译知识教学中课程思政元素的融入是一个既具挑战又富有意义的任务。这不仅要求教师具备深厚的英语语言知识和翻译技巧,还需要他们熟悉思政教育的内容和方法,以便将两者巧妙地结合起来,实现知识的全面传授和价值观的正确引导。

第一,在英语翻译知识教学中融入思政元素,需要教师明确思政教育的目标和任务,包括培养学生的社会主义核心价值观,增强他们的国家认同感和文化自信,以及引导他们形成正确的世界观、人生观和价值观。只有明确了这些目标,教师才能在教授英语翻译知识的同时,有意识地渗透思政元素,使学生在不知不觉中受到熏陶和影响。

第二,教师需要巧妙地选择适当的教学内容和方法,以便将英语翻译知识与思政元素有机地结合起来。例如,在讲解某个英语句子或段落的翻译时,教师可以分析汉译中的文化元素,让学生了解到中华文化的博大精深和独特魅力。同时,还可以通过对比分析英汉语言和文化差异,引导学生思考如何更好地传播中华文化,增强他们的文化自信。此外,还可以通过组织丰富多样的教学活动,如小组讨论、角色扮演、情景模拟等,让学生在实践中学习和运用英语翻译知识,并深刻体会其中的思政内涵。这些活动不仅能够激发学生的学习兴趣和积极性,还能够提高他们的团队合作能力和解决问题的能力。

第三,教师需要不断地反思和改进自己的教学方法和策略,以确保英语翻译知识教学与思政教育的有机结合取得实效。可以通过收集学生的反馈意见、观察学生的学习表现等方式,了解教学效果和存在的问题,并及时调整教学策略,以满足学生的学习需求和发展需要。

第三节　高校英语跨文化交际教学中课程思政元素的融入

一、跨文化交际知识

(一)文化的内涵

文化作为一个内涵深厚的概念,可以根据其核心内涵从双重角度加以阐释。《周易》是中国最古老的一部卜筮之书,贲卦是《周易》中的一卦,书中最早使用了"文化"一词,原文提到:"刚柔交错,天文也。文明以止,人文也。观乎天文,以察时变;关乎人文,以化成天下。"[①] 贲卦的卦辞用"刚柔交错"来描述天文现象,即天地间的阴阳二气交互作用;用"文明以止"来描述人文现象,即以人类社会的文明和秩序让人明白应该在什么地方有所节制。由此可见,文化在此文中的解读是教化和培养。随着时间的推移,"文"与"化"这两字结合得更加紧密。例如,西汉时期的刘向在其作品《说苑》中阐明:"圣人之治天下也,先文德而后武力。凡武之兴,为不服也,文化不改,然后加诛。"[②] 从古代这些经典文献不难看出,古人认为应该以文化人、以文育人,这也反映了当时社会对于治理天下的理想和追求。在西方的语言体系中,文化用英文表述为 culture,此词转译为汉语后,主要涵盖了"文明、文化修养、栽培"等词义。因此,culture 这一词在英文中不仅包含教化与文化涵养的概念,还融入了对具有文化的个体的认识。马修·阿诺德(Matthew Arnold)是 19 世纪英国重要的文化评论家、诗人、教育家,他强烈主张文科教育

---

① 姬昌,东篱子.周易[M].北京:北京时代华文书局,2014:91-93.
② 刘向,萧祥剑.说苑[M].北京:团结出版社,2021:518-548.

的价值,认为文学和艺术是培养人们道德和社会责任的关键,这一观点在他的《文化与无政府状态:政治与社会批评》一书中表达得淋漓尽致。阿诺德对于文化的定义是历史上经典的定义之一,他认为文化是"追求我们的整体完美"和"对知识的研究,用于完善我们的自然、消除我们生活中的粗鄙无知",此论述揭示了文化作为动词时的深远意义。[①]《辞海》(2020年版)对文化的名词性解读提供了广义与狭义两种解释维度。在宏观的层面上,文化被解读为人类创造的物质和精神两方面财富的集合;而在微观的维度中,更多地代表人类所产生的精神遗产,并为个体提供行为指引。[②]

对广义文化,早在20世纪初,社会学家已经对其进行了深入的探讨,指出文化不仅是一个民族的社会传统遗产,也是该民族物质与精神财富的结合体现。具体而言,涵盖了一个民族创造的物质文明,如手工艺品、交易商品以及在其历史演变中累积的精神遗产,如固有的行为模式、认知体系、价值观念、艺术风格等。除此之外,文化行为如教育,也为文化的构成提供了重要内容。文化可被理解为人类生活的多种表现形式及其创新的物质与精神产物,这种定义旨在从宏观的视角描述文化,强调其包含物质与精神两大方面,而且是在实践中形成的,与社会演进相辅相成。成中英(Chung-Ying Cheng)是美国夏威夷大学的教授,也是现代新儒家的代表人物之一,他精练地指出:"文化是人类的生活、活动或活动所表现的形式。"[③]周洪宇、程启灏、俞怀宁等人在其论文《关于文化学研究的几个问题》中,也对文化作了广义的解读,进一步阐明了文化在不同领域中的多重作用,以及其可能诱导的多样文化现象。[④]另外,张岱年和程宜山在《中国文化论争》中提到文化是人类在处理与世界的关系时所展现的精神与实践活动,以及这些活动所孕育出的物质与精神成果,体现了活动方式与成果之间的辩证关系。[⑤]

在对狭义文化的探讨中,首先介绍的美国学者爱德华·伯内特·泰

---

① 马修·阿诺德.文化与无政府状态:政治与社会批评[M].韩敏中,译.北京:生活·读书·新知三联书店,2008:36.
② 辞海[M].上海:上海辞书出版社,2020:1303.
③ 成中英.文化、伦理与管理——中国现代化的哲学省思[M].贵阳:贵州人民出版社,1991:6.
④ 周洪宇,程启灏,俞怀宁,等.关于文化学研究的几个问题[J].华中师范大学学报(人文社会科学版),1987(6):12.
⑤ 张岱年,程宜山.中国文化论争[M].北京:中国人民大学出版社,2006:27.

第六章 课程思政理念向高校英语教学融入的内容

勒(Edward Burnett Tylor)是19世纪的文化人类学家,通常被誉为现代文化人类学的创始人,是文化进化论的早期倡导者,他的主要作品是1988年出版的《原始文化》。在这本书中,他介绍了对文化的定义,这一定义对后来的学者产生了深远的影响。他认为文化或文明乃是包括知识、信仰、艺术、道德、法律、习俗和任何人作为一名社会成员而获得的能力和习惯在内的复杂整体。[1]

艾尔弗雷德·克罗伯(A. L. Kroeber)和克莱德·克拉柯亨(Clyde Kluckhohn)在其《文化:概念和定义的批判性回顾》(Culture: A Critical Review of Concepts and Definitions)一书中经过深入分析西方流行的160种文化定义后指出:"文化由外显的和内隐的行为模式构成。"[2]

英国现代人类学家马林诺夫斯基(Malinowski)视文化为"包括一套工具及一套风俗——人体的或心灵的习惯"[3]。同时,我国学者梁漱溟则精辟地指出,文化即某一民族的生活方式:"不过是那一民族生活的样法罢了。"[4]

(二)交际的内涵

交际的形式是丰富多样的,它不仅仅局限于简单的语言交流,更是一种深层次的情感与思想的碰撞。它涉及人们日常生活中的方方面面,无论是工作、学习还是娱乐,都离不开交际的存在。

交际是一种社会行为。人们通过交际来建立和维护各种社会关系,包括亲情、友情、爱情、同事关系(如上下级关系)等。通过交际,人们可以了解、认识彼此,增进彼此的信任和理解,从而建立和谐的人际关系。

交际是一种沟通方式。人们通过语言、文字、表情、姿态等多种方式来表达自己的思想、情感和意愿,同时也通过交际来接收和理解他人的信息。有效的交际需要双方具备良好的倾听和表达能力,能够准确地理解对方的意图和需求,从而达成共识和合作。

---

[1] 泰勒.原始文化[M].蔡江浓,编译.杭州:浙江人民出版社,1988:1.
[2] Kroeber A. L., Kluckohn C. Culture: A Critical Review of Concepts and Definitions[M]. Cambridge: The Museum, 1952: 47.
[3] 马林诺夫斯基.文化论[M].费孝通,译.北京:中国民间文艺出版社,1987:1.
[4] 梁漱溟.中国文化的命运[M].北京:中信出版社,2016:108.

此外,交际还是一种心理需求。人们渴望与他人建立联系,获得归属感和认同感。通过交际,人们可以分享自己的喜悦、烦恼和困惑,得到他人的支持和帮助,从而缓解压力和焦虑,增强心理健康。

交际的内涵是多方面的,它不仅是一种社会行为和沟通方式,更是一种心理需求。在现代社会中,随着人们交往的日益频繁和密切,交际的重要性也日益凸显。因此,学生应该注重培养自己的交际能力,学会与他人建立良好的关系,从而更好地适应社会的发展和变化。

(三)跨文化交际的内涵

跨文化交际是指不同文化背景的人之间进行交流与互动的过程。在这个全球化的时代,跨文化交际已经成为人们日常生活和工作中不可或缺的一部分。它不仅涉及语言层面的交流,更包括文化认知、价值观、社会习俗等多个方面的互动。

跨文化交际的内涵十分丰富,它要求参与者具备跨文化意识和跨文化能力。跨文化意识是指对不同文化背景的敏感性和包容性,能够尊重和理解不同文化之间的差异。而跨文化能力则是指在实际交流中,能够运用恰当的语言、行为和沟通策略,有效地进行跨文化沟通。在跨文化交际中,文化差异是一个重要的因素。不同文化背景下的人们有着不同的价值观、信仰、社会习俗等,这些差异可能会导致沟通中的误解和冲突。因此,跨文化交际的参与者需要具备跨文化敏感性,能够识别并理解这些差异,从而避免误解和冲突的发生。除了文化差异,语言也是跨文化交际中的重要因素。不同语言之间的语法、词汇、表达方式等都有所不同,这可能会给跨文化交际带来一定的困难。因此,跨文化交际的参与者需要具备良好的语言能力,能够准确地表达自己的意思,同时也需要理解对方的语言表达方式和文化背景。

二、高校英语跨文化交际知识教学中课程思政元素的融入

在全球化的时代背景下,高校英语教学已不仅仅局限于语言技能的培养,更重要的是培养学生的跨文化交际能力。跨文化交际能力的培养,除了需要学生掌握英语语言本身,更需要学生理解和尊重不同文化之间的差异,实现文化间的有效沟通。在这一过程中,课程思政元素的

第六章
课程思政理念向高校英语教学融入的内容

融入显得尤为重要。思政元素不仅可以帮助学生树立正确的世界观、人生观和价值观,而且可以引导学生深入理解不同文化背后的价值观、社会制度和历史背景,从而更好地进行跨文化交际。要在高校英语跨文化交际知识教学中有效融入课程思政元素,可以从以下几个方面入手。

(一)精选跨文化交际的案例和素材

在全球化的今天,跨文化交际能力的培养已成为教育的重要目标之一。而在这一过程中,教师不仅要注重语言知识的传授,更要将思政元素融入教学内容中,以培养学生的跨文化意识和文化自觉。

教师在选择跨文化交际的案例和素材时,应当有意识地选取那些能够体现社会主义核心价值观的内容。这样的选择不仅有助于学生在语言学习中加深对社会主义核心价值观的理解和认同,更能够引导他们树立正确的价值观和世界观。教师应该关注中华优秀传统文化的传承和弘扬。中华优秀传统文化是中华民族的瑰宝,也是跨文化交际中的重要资源。因此,在跨文化交际的教学中,教师应选取反映中国传统节日习俗、中国传统哲学思想等内容的案例,让学生在学习英语的同时,也能感受到中华文化的魅力和博大精深。例如,教师可以通过讲解中国的传统节日,如春节、中秋节等,让学生了解这些节日的历史渊源、文化内涵和社会意义;可以引导学生探讨这些节日在现代社会中的传承和创新,以增强学生的文化自信和文化认同感;还可以选取一些反映中国改革开放成就的案例,让学生了解中国在改革开放以来取得的巨大变化和成就。这样的内容不仅能够增强学生的民族自豪感和自信心,更能够引导他们以开放、包容的心态看待世界,积极参与全球化进程。

(二)创新教学方法,注重培养学生的思辨能力

在当今多元化、全球化的社会中,教育面临着前所未有的挑战。教师需要创新教学方法,以应对这些挑战,并注重培养学生的思辨能力。特别是在跨文化交际的教学过程中,教师需要采用多样化的教学方法,帮助学生更好地理解和适应不同文化背景下的交流方式。

教师可以通过组织小组讨论的方式,引导学生从不同文化视角出发思考和分析问题。在讨论中,学生可以相互交流、碰撞思想,形成多元的

观点和看法。这样不仅可以提高学生的语言运用能力，还能培养他们的批判性思维和跨文化沟通能力。例如，教师可以设定一个跨文化商务谈判的场景，让学生分别代表不同文化背景的谈判方，通过小组讨论的形式，探讨如何更好地进行跨文化沟通和协商。

角色扮演也是一种非常有效的教学方法。通过模拟真实场景，让学生扮演不同文化背景下的角色，可以帮助他们更好地理解不同文化背景下的行为规范和交流方式。在角色扮演中，学生需要深入体验角色的情感和思维方式，从而更好地理解和适应不同文化背景下的交流方式。例如，教师可以设定一个跨文化婚礼的场景，让学生分别扮演新郎、新娘、家长等角色，通过角色扮演的形式，了解不同文化背景下的婚礼习俗和礼仪。此外，演讲也是一种很好的教学方法。通过演讲，学生可以展示自己的思考成果和表达能力，同时也可以锻炼自己的思辨能力和提升自信心。教师可以组织学生进行跨文化主题的演讲，让他们从不同文化的视角出发，阐述自己的观点和看法。

除了以上几种教学方法，教师还可以采用其他多样化的教学手段，如案例分析、文化体验等，以帮助学生更好地理解和适应不同文化背景下的交流方式。同时，教师还需要注重培养学生的自主学习能力和终身学习的意识，让他们在不断学习和成长中更好地适应全球化的社会。

（三）关注学生的情感态度和价值观的培养

教师不仅要关注学生的知识和技能的学习，更要注重他们情感态度和价值观的培养。特别是在跨文化交际的教学中，教师应该承担起引导学生欣赏和尊重不同文化，培养他们文化自信心和包容心的责任。

文化自信是一个民族、一个国家向前发展的不竭动力。在教育过程中，教师应该注重培养学生对本土优秀文化的自信心。通过观看并分析丰富多彩的文化活动，如传统节日庆典、民俗展示等，让学生深入了解和感受本土优秀文化的魅力，从而增强对本土优秀文化的认同感和自豪感。同时，教师还应引导学生客观看待本土文化的不足，以开放的心态吸收外来文化的精髓，促进本土优秀文化的创新和发展。

包容心是跨文化交际中不可或缺的品质。在全球化背景下，人们获得了与不同文化背景的人交往的机会。因此，教师应该教育学生学会尊重和理解与他人的文化差异，避免以自我为中心，用包容的心态去接纳

第六章　课程思政理念向高校英语教学融入的内容

和欣赏不同的文化。在教学过程中，教师可以通过角色扮演、模拟情景等方式，让学生体验不同文化背景下的交际场景，培养他们的跨文化交际能力。此外，为了更好地适应全球化的趋势，教师还应帮助学生建立开放的心态。开放的心态意味着愿意接受新事物、新观念，勇于尝试不同的方法和途径。教师可以通过引导学生关注国际动态、参与国际交流项目等方式，拓宽学生的国际视野，增强他们的全球意识。

第七章　课程思政理念下高校英语教师的专业发展

　　课程思政理念的提出为高校英语教师的专业发展提供了新的思路和方向。课程思政理念强调将思想政治教育融入课程教学中，实现知识传授与价值引领的有机结合。对于高校英语教师而言，这不仅是一种教学理念的更新，更是一种对教学能力的挑战。因此，高校英语教师需要不断提升自身的专业素养和教学能力，以适应课程思政理念的要求。

第七章
课程思政理念下高校英语教师的专业发展

第一节　英语教师在课程思政理念下的角色定位

一、高校英语教师的素养及专业发展

（一）高校英语教师的能力

教师在教学中培养学生的语言能力和跨文化交际能力,需要具备较高的专业水平和教学能力,特别是跨文化教学能力。

1. 教材评估、选择和使用能力

在高校英语教学中,教师对教材的评估、选择和使用能力至关重要。教师的教学活动主要以教材为依据,而为了培养学生的语言能力和跨文化交际能力,教师需要对教材进行深入的评估和选择。这意味着教师不仅要考虑教材的知识性和教育性,还要评估教材是否能够帮助学生了解不同文化背景下的语言实际和交际规则。教师在评估教材时,需要仔细研究教材的内容、语言难度、文化覆盖面等方面,以确保所选教材能够满足跨文化交际教学的需求。

除了评估外,教师在选择教材时,还应确保所选教材文本的真实性和可靠性。教材来源于实际的语言使用场景,真实的教学材料能够帮助学生更好地了解不同文化背景下的语言使用情况,从而更好地掌握跨文化交际的技巧。

此外,教师还需要根据具体的教学情况和学生的学习情况,对教材进行适当的调整和改编。由于不同的学生群体具有不同的学习需求和文化背景,因此教师需要根据学生的实际情况对教材进行适当的调整,以更好地适应学生的学习需求。同时,教师还可以根据实际的教学情况对教材进行适当的补充和删减,以使教学更加灵活和有效。

2. 跨文化课堂教学能力

跨文化课堂教学是实现高校英语跨文化教学转型的关键路径,也是培养学生跨文化交际能力的重要环节。因此,教师需要具备有效开展跨文化课堂教学的能力。教师需要对学生的学习背景和个体差异进行深入分析,了解学生对目的语文化的态度以及他们对目的语文化知识的掌握程度。通过这种方式,教师可以更好地理解学生的需求和挑战,从而根据学生的实际情况制订适宜的教学策略。

在选择教学内容、教学方法和教学活动时,教师需要充分考虑具体的教学环境、教学目标和基本教学原则,这要求教师具备灵活的教学策略和广泛的文化知识,能够根据实际情况选择最合适的教学资源和方法。此外,教师还需要设计具有实际意义和趣味性的教学活动,以激发学生的学习兴趣,提高参与度。教师需要保持客观的态度,将教学视为一个动态的过程,这意味着教师需要不断反思和调整自己的教学方法,积极鼓励学生参与教学活动,并确保师生之间、学生与学生之间进行积极的交流。这种互动的教学方式有助于培养学生的批判性思维和跨文化交际能力。在语言文化教学方面,教师需要具备足够的教学素质,能够合理运用语言文化教学方法。这意味着教师不仅要教授语言知识,还要引导学生深入了解目的语文化的内涵和价值观。通过比较不同文化之间的差异,教师可以帮助学生更好地理解和尊重文化的多样性,避免在跨文化交际中出现误解等失误。

3. 课外学习与实践的组织和指导能力

通过组织和指导学生的课外学习与实践,教师可以帮助学生丰富文化知识、提高文化能力,从而更好地应对跨文化交际的挑战。课堂教学的时间有限,而文化的内涵广泛且复杂。因此,鼓励学生参与课外学习和实践,提供更多的机会让他们接触和理解不同的文化,是扩充学生文化知识的有效途径。

教师可以通过组织和指导学生的课外学习与实践,帮助他们梳理本民族文化和他民族文化之间的关系,这有助于学生理解文化的多样性和包容性,并培养他们尊重和欣赏不同文化的态度。在这一过程中,教师还需要关注学生价值观的树立,引导他们以开放和包容的心态对待不同的文化观念和习俗。此外,教师还可以通过创新课外活动的方式激发学

第七章
课程思政理念下高校英语教师的专业发展

生的文化学习兴趣和欲望。例如,组织文化主题的讲座、展览、电影放映等活动,或引导学生参与跨文化交流项目和志愿者工作,让学生在亲身体验中感受文化的魅力。

4. 现代信息技术使用能力

在高校英语教学中,教师应当充分利用现代信息技术,为学生提供更为丰富和多样的文化学习资源,从而提升学生的跨文化意识,培养他们的跨文化交际能力。教师需要根据教学和学生的实际需求,合理运用现代化信息技术来创设跨文化交际语境。通过模拟真实的跨文化交际场景,教师可以帮助学生更好地理解和应对不同文化背景下的交际情境。这不仅可以增强学生的文化敏感度,还可以为他们提供实践的机会,使他们在实际操作中提高跨文化交际能力。

教师在使用信息技术进行教学的过程中,还需要注重培养学生的信息素养。这意味着教师不仅要教会学生如何使用信息技术工具,还要培养他们批判性地处理和应用信息的能力。在面对大量信息时,学生需要学会筛选信息,分析和评估信息的质量和可靠性,以确保他们在跨文化交际中能够做出正确的判断和决策。

(二)高校英语教师的专业发展

高校英语教师的专业发展不仅关乎学生的语言学习成效,更关乎我国英语教学事业的繁荣与昌盛。

1. 专业素质的提高

高校英语教师的专业发展应首先关注教师自身素质的提高,包括教师的教育教学理念、专业知识、教学技能、跨文化交际能力等方面。教师应具备先进的教育教学理念,明确英语教学的目标,关注学生的全面发展;不断更新专业知识,关注英语教学的新动态,提高自身的学术水平;具备丰富的教学经验和良好的教学技能,如组织课堂教学、指导学生学习、评估学生的学习成果等;具备跨文化交际能力,能够有效地与不同文化背景的学生进行沟通与交流,提高学生的跨文化交际能力。

2. 教育教学方法的改进

教育教学方法的改进是高校英语教师专业发展的关键。教师应运用现代教育技术和资源，如多媒体、网络资源等，丰富教学手段，提高教学效果。同时，教师还应注重课堂教学的互动性和启发性，激发学生的学习兴趣，提高学生的学习动机；注重学生的个性化发展，关注学生的特长和兴趣，为学生的全面发展提供支持。

3. 专业发展的持续性

高校英语教师专业发展应注重持续性。教师应树立终身学习的理念，不断更新知识、提高技能，适应英语教学的发展。同时，教师还应关注自身的心理调适，保持积极的心态，提高应对压力的能力；注重与同行教师的交流与合作，分享教学经验和心得，共同提高专业水平。

4. 社会认可度的提升

高校英语教师专业发展应关注教师的社会认可度。教师应积极参与社会公益活动，提高自身的社会影响力。同时，教师还应关注英语教学在社会中的地位和作用，为英语教学的发展贡献自己的力量；关注国家政策，了解英语教学的发展方向，为自己的专业发展制订明确的目标和规划。

二、英语教师在课程思政理念下的角色体现

在课程思政理念下，英语教师的角色任务远超出了传统的教学范畴，他们不仅是知识的传授者、价值观的引导者、思辨能力的培育者，也是跨文化交流的推动者。这种角色任务的拓展要求英语教师不仅要有扎实的英语语言基础，还要具备较高的思想政治素养，能够在教学中自然地融入思政教育，使英语教学与思政教育相辅相成，共同促进学生的全面发展。

第七章
课程思政理念下高校英语教师的专业发展

(一)价值观的引导者

英语教师要成为价值观的引导者。在英语教学中,教师可以通过分析文本、讲解文化背景等方式,引导学生树立正确的世界观、人生观和价值观。例如,在讲解外国文学作品时,教师可以引导学生分析作品中的人物形象、主题思想等,从而帮助学生理解不同文化背景下的价值观念,形成自己的价值判断。

(二)思辨能力的培育者

英语教师要成为思辨能力的培育者。英语课程不仅是语言技能的学习,更是思维能力的训练。英语教师应该鼓励学生实现对自身批判性思维的发展,通过组织讨论、辩论等活动,提高学生的思辨能力和逻辑思维能力。这样学生在学习英语的同时,也能够提高自己思考的深度和广度,更好地理解和应对复杂多变的现实世界。

(三)跨文化交流的推动者

英语教师要成为跨文化交流的推动者。在全球化的今天,跨文化交流已经成为不可或缺的能力。英语教师应该充分利用自己的语言优势和文化背景知识,帮助学生了解不同文化之间的差异和共性,提高学生的跨文化交流能力。这样,学生在未来的学习和工作中,就能够更好地适应多元化的环境,实现个人的全面发展。

在课程思政理念下,英语教师的角色发生了深刻的变化。他们不仅要传授语言知识,还要引导学生的价值观,培育学生的思辨能力,推动学生的跨文化交流。这种角色的转变对英语教师提出了更高的要求,也为他们提供了更广阔的发展空间。只有不断提高自身的专业素养和思政素养,英语教师才能更好地履行自己的职责,为学生的全面发展贡献自己的力量。

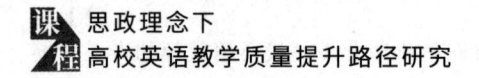

第二节　英语教师思政素养的提升与专业成长

一、英语教师思政素养的提升

英语教师思政素养的提升是教育发展的重要一环,也是英语教师自我提升、职业发展的必经之路。随着时代的发展和国际交流的增多,英语教育不再仅仅是语言知识的传授,更重要的是培养学生的跨文化交流能力和国际视野。因此,英语教师必须具备一定的思政素养,才能更好地引导学生,培养其全面发展的能力。

（一）具备正确的政治立场和思想认识

英语教师作为教育事业的重要一员,不仅承担着传授语言知识的使命,更是塑造学生思想观念和价值观的引路人。因此,他们必须具备正确的政治立场和思想认识,以更好地履行自己的职责。

英语教师应当对国家的政治方针和政策有深刻的理解。他们应当密切关注国家大事,了解国内外形势,把握时代潮流,这样才能将正确的政治理念融入教学中,引导学生树立正确的世界观、人生观和价值观。例如,在英语教学中,教师可以通过讲解国家的发展成就、中华优秀传统文化等内容,增强学生的民族自豪感和国家认同感。

英语教师在教学过程中应注重培养学生的国家意识和民族自豪感。他们可以在讲解英语知识的同时,结合中国的历史、文化和社会现实,让学生深刻认识到自己是中国人,有着自己的文化根基和对国家的责任。此外,英语教师还可以通过组织学生参与各种形式的活动,如英语演讲比赛、文化交流等,让学生更好地展示自己的才能和风采,同时增强他们的民族自豪感和国家意识。

第七章
课程思政理念下高校英语教师的专业发展

（二）拥有广博的文化素养

文化素养是指一个人在文化方面的修养和素质,包括对各种文化现象的了解、鉴赏和评价能力,以及对自身文化的认同和传承。在当今全球化的时代,拥有广博的文化素养显得尤为重要,因为它不仅能够帮助学生更好地融入国际社会,还能够拓宽学生的视野,增强我们的文化自信心和创造力。

文化素养可以帮助学生更好地理解和欣赏不同文化之间的差异和共性。在跨文化交流中,如果学生缺乏对不同文化的了解和认知,就很容易产生误解和冲突。而具备文化素养的人则能够更好地理解和尊重不同的文化习惯和价值观,从而建立起更加和谐的人际关系和国际合作。

提升文化素养也是提高个人综合素质的重要途径。通过对各种文化现象的学习和鉴赏,学生可以不断提升自己的审美水平、思维能力和创造力,从而更好地应对各种挑战和机遇。同时,提升文化素养还能够增强学生的文化自信心,让学生更加自豪地传承和发扬自己的文化传统。

文化素养也是推动社会进步和发展的重要力量。一个人人拥有广博文化素养的社会必然是一个充满活力和创造力的社会。在这样的社会中,人们能够更加积极地探索和创新,为社会的进步和发展贡献自己的力量。

高校英语教师的文化素养是其专业发展的重要组成部分,也是他们实施有效教学的关键要素。英语教师的文化素养主要体现在以下几个方面。

1. 文学素养

身为一位英语教师,深入阅读和理解文学作品的重要性不言而喻。这不仅是对经典文学作品的深入剖析,更是对各种文学流派、风格和主题的全面认识。这种对文学的深入探索,无疑是对教师自身文学素养的一种提升,同时也为教师提供更好的工具来引导学生欣赏文学作品,激发他们的批判性思维和创新能力。

对经典文学作品的深入理解和分析,可以帮助教师更好地理解文学的本质和魅力。经典文学作品是历史的见证,是文化的积淀,是智慧的结晶。它们通过独特的语言、情节和人物形象,展现了人类社会的多样性和复杂性。通过对这些作品的深入阅读,教师可以更深入地理解文学如何反映社会现实,如何揭示人性的真实面貌,如何表达人类的情感和理想。这种理解不仅可以丰富教师的知识储备,还可以提升他们的文学鉴赏能力,使他们能够更准确地把握文学作品的内涵和价值。

对不同文学流派、风格和主题的认识,有助于教师开阔视野,理解文学的多样性和丰富性。文学是一门以文学语言来包罗万象的艺术,涵盖了各种各样的流派和风格,如现实主义、浪漫主义、现代主义、后现代主义等。每种流派和风格都有其独特的语言特征、情节构建和人物形象塑造方式,体现了作者对世界和生活的不同理解和表达。通过对这些流派和风格的研究,教师可以更全面地理解文学的多样性,更好地欣赏和理解不同文化背景下的文学作品。

通过文学素养的提升,教师可以更好地引导学生欣赏文学作品,培养他们的批判性思维和创新能力。文学作品的欣赏不仅是对故事情节和人物形象的简单理解,更是对作品深层含义和价值的挖掘。教师可以通过引导学生深入阅读、分析、讨论和评价文学作品,激发他们的批判性思维,培养他们的独立思考能力和创新精神。同时,教师还可以鼓励学生进行文学创作,通过实践来锻炼他们的文学鉴赏力和创新能力。

2. 文化批判意识

在教授英语的过程中,培养学生的文化批判意识是至关重要的。这不仅有助于提升学生的语言技能,还能使他们在全球化的背景下更加自信和独立地参与跨文化交流。那么,如何在教学过程中培养学生的文化批判意识呢?

第一,教师需要具备对文化的批判性分析能力。这意味着教师不仅要对东方文化有深入的了解,还要对其他国家的文化保持开放和尊重的态度。只有这样,教师才能引导学生从多个角度审视文化问题,避免单一的文化视角。例如,当教授关于节日的课文时,教师可以介绍不同国家的节日庆祝方式,并引导学生思考这些庆祝方式背后的文化价值观和社会意义。

第二,教师应该鼓励学生独立思考和判断不同文化现象的价值和意义。在教学过程中,教师可以通过组织讨论、角色扮演、辩论等活动,激

第七章
课程思政理念下高校英语教师的专业发展

发学生的学习兴趣,提升参与度。这些活动不仅可以帮助学生更好地理解不同文化之间的差异,还能培养他们的批判性思维能力。例如,教师可以选取一部具有跨文化元素的电影,让学生在观看后分组讨论其中的文化差异和价值观冲突,并尝试提出自己的看法。此外,教师还可以通过补充相关的背景信息和对概念做解释说明,帮助学生更好地理解文章。例如,在教授关于文化冲突的课文时,教师可以介绍相关的历史背景、社会制度等方面的知识,以便学生更好地理解文化冲突产生的原因和后果。

第三,为了使学生更好地形成文化批判意识,教师还可以结合实证研究和统计数据来支持自己的观点。例如,教师可以引用一些关于跨文化交流的研究报告,让学生了解不同文化之间的误解和冲突是如何产生的,以及如何通过文化批判意识来避免这些问题。

3. 多元文化教育理念

在当今全球化的时代,文化的多样性与差异性成为社会生活中不可避免的表露内容。英语作为一门全球通用语言,承载着实现多元文化的交流与理解的重要使命。英语教师在此扮演着至关重要的角色,他们不仅需要教授语言知识,更要肩负起培养学生跨文化意识和能力的责任。

多元文化教育的理念强调尊重和理解各种文化背景,反对任何形式的文化歧视和偏见。英语教师作为文化的传播者和引导者,应当积极践行这一理念,将多元文化融入课堂教学之中。他们应当引导学生认识到,英语不仅是沟通的工具,更是文化交流的桥梁。在学习英语的过程中,不仅要掌握语言知识和技能,更要学会理解和欣赏不同文化背景下的思想和价值观。

为了培养学生的跨文化意识和能力,英语教师可以采取多种教学方法和策略。教师可以引入多元化的教学资源,如来自不同国家的文学作品、电影、音乐等,让学生感受不同文化的魅力。教师可以设计模拟跨文化交际的情境,让学生在实践中学会如何应对不同文化背景的人,培养他们的跨文化交际技巧。此外,教师还可以通过课堂讨论、角色扮演等方式,引导学生深入思考和探讨文化差异带来的问题和挑战。值得一提的是,多元文化教育的实施并非一蹴而就,英语教师需要不断更新自己的教育观念和教学方法,不断提高自己的文化素养和跨文化交际能力。同时,他们还需要积极与来自不同文化背景的学生建立良好的师生关系,以自身的行为示范、引导学生尊重和欣赏多元文化。

4. 持续学习与自我提升

在全球化的浪潮中,新的文化现象和观念层出不穷,这无疑给英语教师带来了前所未有的挑战与机遇。面对这一变革,英语教师不仅要有扎实的语言基础,更要有持续学习的态度和不断更新自己的知识储备的决心。只有这样,他们才能在不断变化的世界中保持竞争力,为学生提供优质的教学。持续学习不仅是教师个人的需要,也是教育行业的必然要求。

随着科技的进步和全球化的推进,英语专业的教学内容也在不断更新和拓展。教师需要紧跟时代的步伐,关注国际动态,了解最新的教育理念和方法。通过参加学术研讨会、阅读专业书籍、参与在线课程等方式,教师可以不断更新自己的知识体系,提高自己的专业素养。

5. 深厚的语言基础

高校英语教师不仅是知识的传递者,更是文化的传播者、思想的引导者。他们肩负着培养学生语言技能、文学素养、跨文化交流能力等多重使命,这一职业角色需要他们具备丰富的知识和深厚的学养。

高校英语教师必须具备坚实的语言基础。这不仅仅是对语法和词汇的掌握,更是对各英语国家的文学、历史、文化和社会背景的深入理解和研究。他们需要对英语这门全球通用语言有深入的了解,包括其历史演变、文化内涵、社会影响等方面。只有这样,他们才能在教授英语的过程中,游刃有余地将语言置于一个更大的文化语境中,使学生不仅能学习语言本身,更能深入理解语言背后的文化内涵和人文精神。

英语作为全球通用语言,有着丰富的历史和文化积淀。从莎士比亚的戏剧到简·奥斯汀的小说,从美国的独立宣言到马丁·路德·金的著名演讲,这些文学和历史作品都反映了英语国家的社会变迁和文化发展。高校英语教师需要引导学生去欣赏和理解这些文学作品背后的历史和文化价值,帮助他们建立起对英语国家文化的全面认识;需要鼓励学生去阅读原版的文学作品,体验地道的英语表达和文化韵味,提高他们的语言水平和文化素养。此外,高校英语教师还需要不断更新自己的知识和技能。他们需要关注语言学、文学、文化学等领域的最新研究成果和发展趋势,不断学习和进修,提高自己的专业素养和教学水平。

6.跨文化沟通能力

在全球化的今天,我们的世界变得越来越多元化,各种文化交织,形成了独特的跨文化交流环境。对于英语教师来说,仅仅教授语言知识已经不能满足现代教育的需求;他们还需要在跨文化沟通方面展现出卓越的能力,以便更好地培养学生的跨文化交流技巧。

在全球化的语境下,人与人之间的交流已经超越了国家和文化的界限。这意味着英语专业的学生在学习英语的同时,还需要学会如何与来自不同文化背景的人进行有效沟通。这种能力不仅对他们的学术成就至关重要,更将对他们未来的职业生涯产生深远影响。所以,教师应该首先具备这种跨文化沟通的能力。

7.掌握多元化的教学方法

教师的文化素养在教学方法和策略上体现得淋漓尽致。文化素养深厚的教师深知教育的核心在于启迪心灵、激发兴趣,因此他们总是致力于探索多元化的教学方法,以适应不同学生的学习需求和兴趣。

教师应善于运用案例分析,将抽象的理论知识与现实生活中的案例相结合,让学生在分析案例的过程中,自然而然地理解和掌握知识。这种方法不仅提高了学生的参与度,还培养了他们的分析能力和解决问题的能力。

角色扮演也是英语教师常用的教学方法之一。模拟真实情境,让学生扮演不同的角色,参与到模拟实践中去,既锻炼了他们的表演能力,又增强了他们的合作意识和沟通能力。这种教学方法让学生在轻松愉快的氛围中,自然而然地掌握了知识。

小组讨论也是常用的教学策略。这种教学策略鼓励学生自由组队,围绕某个主题展开深入的讨论,让他们在交流中碰撞思想,激发灵感。这种教学策略不仅培养了学生的批判性思维和创新能力,还增强了他们的团队协作和沟通能力。

文化素养高的教师还善于利用多媒体技术和网络资源,为学生提供丰富的学习材料和实践机会。他们深知现代科技对于教育的重要性,因此总是想方设法地将科技与教育相结合,为学生提供更加便捷、高效的学习方式。

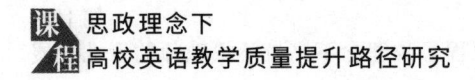

8.具备自我反思和持续学习的能力

在当今全球化、信息化的时代背景下,高校英语教师的文化素养显得尤为重要。他们不仅需要具备扎实的专业知识,还需要拥有广阔的文化视野和深厚的文化素养。这一切都离不开教师的自我反思的能力。

自我反思是高校英语教师提升文化素养的重要途径。在不断变化的环境中,教师需要时刻审视自己的教学理念和方法,不断反思自己的教学行为是否符合新的教学需求,包括教学方法的创新、教学内容的更新、教学评价的完善等方面。只有不断反思,才能发现自身的不足,进而寻求改进和提升。

二、英语教师的专业化成长方向

高校英语教师的专业化发展方向应是紧密结合时代特征,不断提高自身的数字化教学能力,创新教学方法,保持终身学习,加强合作与交流,提升研究与反思能力,注重数据驱动决策,关注行业动态,并遵守教育技术伦理。只有这样,教师才能更好地适应时代的发展。

(一)具备数字化教学能力

在智能化教育的背景下,数字技术已经成为英语教学不可或缺的辅助工具。教师需要运用这些技术,将其有效地整合到教学过程中,以提高教学效果。

教师需要了解和掌握各种数字技术工具的基本功能和使用方法,这些工具包括在线学习平台、数字课件、智能教学软件等。通过参加培训、阅读相关教程和与同行交流,教师可以快速熟悉这些工具的操作和特点。

教师需要思考如何将这些工具与英语教学相结合。不同的工具适用于不同的教学场景和需求,教师需要根据教学内容和目标选择合适的工具。例如,在线学习平台可以为学生提供丰富的学习资源和互动练习,数字课件可以帮助教师生动形象地展示教学内容,智能教学软件能够为学生提供个性化的学习指导和反馈。

在整合数字技术工具的过程中,教师还需要关注学生的学习体验和

第七章
课程思政理念下高校英语教师的专业发展

需求。良好的学习体验能够激发学生的学习兴趣和积极性,提高教学效果。因此,教师在选择和使用数字技术工具时,需要关注学生的表现和反馈,不断调整和优化教学方法和工具。

此外,教师还需要具备数据意识和分析能力。数字技术工具通常会生成大量的教学数据,这些数据对于教师了解学生的学习情况和问题具有重要意义。教师需要掌握如何收集、分析和利用这些数据,以便更好地评估教学效果、调整教学策略和提高教学质量。

(二)创新教学方法

在数字化和智能化的浪潮中,英语教学的方法也面临着前所未有的创新要求。传统的课堂教学模式已经不能满足当今学生的学习需求,教师需要积极探索如何利用新的技术手段来提升教学效果。其中,虚拟现实(VR)和人工智能(AI)等先进技术为英语教学带来了全新的可能性。

通过虚拟现实技术,教师可以为学生创造沉浸式的学习环境,让他们在模拟的真实场景中学习和实践英语。这种身临其境的学习方式能够极大地提高学生的学习积极性和参与度,让他们更加主动地投入到学习中。而人工智能技术在英语教学中的应用也越来越广泛。教师可以使用智能语音识别和自然语言处理等技术,为学生提供个性化的学习方案和实时反馈。人工智能还可以辅助教师进行教学管理,如自动批改作业、分析学生表现等,减轻教师的工作负担,让他们有更多的时间关注学生的个性化需求。除了探索新的技术手段,教师还需要采取一系列措施来促进自身适应与使用新课程模式,如建立教师研究课制度,为教师提供多种交流平台(如论坛、沙龙、研讨会、课改专栏和教师博客)等。这些平台可以引导教师敢于思辨,与不同观点正面交锋,立足课堂,催生智慧,营造浓郁的研讨氛围。通过这些平台,可以形成一个又一个智慧共生的"学习共同体"。

结合英语教学的特点,英语教师用英语组织和参与沙龙效果最好。每次沙龙由一个备课组负责组织,活动内容多样化,包括话题辩论、教学法讨论、案例交流和点子帮助等。这种组织形式不仅提高了教师的英语水平,还促进了教师之间的交流与合作,有助于提高教学质量和效果。

此外,学校还可以邀请专家学者、优秀教师和教研员等为教师提供专业指导等的支持。他们可以与教师分享先进的教学理念、方法和经验,为教师的专业成长提供有力的保障。

(三)具备合作与交流能力

在全球化背景下,英语教师的作用越发凸显,他们不仅需要教授语言知识,还需要培养学生的跨文化交流能力。具备跨文化交流能力的英语教师,能够更好地引导学生理解和尊重不同文化,培养他们的全球视野和跨文化交际能力。这不仅有助于学生适应全球化时代的工作和生活,也有助于他们在跨文化交流中取得成功。

此外,英语教师还需要具备与其他教师、行业专家等进行合作的能力。通过与同行合作,教师可以分享教学经验、资源和策略,共同解决教学中遇到的问题,提高教学效果。与行业专家合作,可以让教师及时了解行业动态和需求,将英语教学与实际工作相结合,为学生提供更加实用和有针对性的教学内容。这种合作不仅有助于提高教师的专业素养和教学水平,还可以促进教师之间的互动和共同成长。通过跨学科、跨领域的合作,教师可以打破学科壁垒,拓宽自己的知识视野,创新教学方式和内容。这种合作模式也有助于构建一个积极向上的教育生态,推动英语教学的持续发展。

(四)具备研究与反思能力

教师需要具备一定的研究能力,以便能够对教学实践进行深入的反思和总结,提炼出最佳实践方案,并在此基础上进行创新。为了促进教师的自我反思和教学观念的转变,可以积极倡导叙事研究的方法。叙事研究是一种以故事为主要载体,通过描述和反思教育实践中的真实情境,提炼经验,并使自身获得发展的研究方法。教师可以通过撰写教学反思、课堂故事等方式,记录自己的教学实践和经验。这些故事可以反映教师的失败与成功、反思与实践,是教师教育智慧的结晶。通过叙事研究,教师可以深入反思自己的教学观念和行为,发现自己的不足之处,并寻求改进的方法。

在叙事研究中,教师可以相互交流和分享自己的经验,从他人的故事中获得启示和借鉴。这种交流不仅有助于教师个人的成长,还能促进

第七章
课程思政理念下高校英语教师的专业发展

整个教师团队的共同发展。通过相互启迪和激励，教师可以不断更新教学观念和教学方法，提高教学质量和效果。此外，学校可以组织教育故事分享会等活动，鼓励教师积极参与并分享自己的故事。这些活动可以为教师提供一个展示自己、交流学习的平台，同时也能激发教师的创造力和教育热情。

此外，教师的研究能力还体现在对提炼最佳实践方案的探索上。在反思的基础上，教师需要将有效的实践经验和方法总结提炼出来，形成具有可操作性和可复制性的最佳实践方案。这不仅有助于提高教师的教学水平，还可以为其他教师提供有益的参考和借鉴。最重要的是，具备研究能力的教师能够在最佳实践方案的基础上进行创新。他们不满足于现有的教学成果，而是勇于尝试新的教学方法和策略，以适应不断变化的教育环境和学生需求。通过创新，教师可以不断推动教学实践的发展，为学生提供更加丰富、有趣和有意义的学习体验。

（五）使用数据驱动决策

教师需要了解如何使用数据进行决策，以更好地调整教学策略，优化学生的学习体验。数据驱动的决策可以帮助教师更准确地了解学生的学习进度、学习难点和需求，从而制订更有针对性的教学计划。教师收集学生的学习数据，包括考试成绩、课堂参与度、作业完成情况等，并进行分析。通过分析这些数据，教师可以发现学生在学习过程中的问题，例如哪些知识点掌握得不够扎实，哪些题型容易出错等。这些数据可以帮助教师更准确地评估学生的学习进度和水平。例如，如果数据分析显示大部分学生在某一章节的掌握程度较低，教师可以针对这一章节重新设计教学内容和教学方法，加强这一部分的讲解和练习。教师还可以根据学生的学习难点进行个性化指导，帮助学生解决学习中遇到的问题。此外，教师需要培养自己的数据意识和分析能力。这不仅包括对数字和统计知识的了解，还包括对教育数据的解读和应用能力。教师可以通过参加相关培训、阅读教育数据方面的专业文献等方式来提高自己的数据素养。

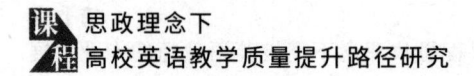

(六)关注行业动态

为了使学生更好地适应社会需求,教师需要关注英语相关行业的发展动态,了解新的职业要求和技能需求。

教师应该定期关注行业趋势和新兴领域,了解英语语言在各个领域的具体应用。例如,随着全球化进程的加速,英语在商务、旅游、国际关系等领域的重要性日益凸显。教师需要了解这些领域对英语人才的需求和要求,以便为学生提供更有针对性的指导。

此外,教师还应该与行业专家和企业保持联系,了解最新的职业动态和技术发展。通过与行业人士的交流,教师可以获取关于职业规划、技能培训和行业标准等方面的信息,这些信息对于帮助学生制订个人发展计划和提升职业技能至关重要。同时,教师可以将行业中的实际案例和项目引入课堂教学,让学生在学习过程中接触到实际的工作环境和任务。这种实践性的教学方式能够帮助学生更好地理解职业要求,提高他们的就业竞争力。

(七)遵循教育技术伦理

在使用数字技术进行教学时,教师需要遵循教育技术的伦理规范,以保护学生的隐私和数据安全。教师应该严格遵守隐私相关法规,确保收集和使用学生个人信息时得到学生的明确同意,并仅用于教学和改进教学的目的。对于学生的选择权利,教师也应该给予足够的尊重,如果学生不愿意使用某个应用程序或服务,教师应该尊重他们的决定。同时,教师需要采取必要的安全措施来保护学生的数据,包括使用强密码、定期更新软件和打安全补丁、使用加密技术来保护数据的传输和存储等。

教师应该与学生和家长保持透明沟通,明确说明如何收集和使用学生数据,以建立信任并确保学生和家长了解自己的权益。为了更好地保护学生的隐私和数据安全,教师还需要了解并遵循相关的教育技术伦理原则。这些原则要求教师在使用数字技术进行教学时保持中立、公正和客观,不因个人偏见或利益而影响学生的学习。教师应该具备批判性思维和伦理判断力,在面临伦理困境时能够做出正确的决策。

第七章
课程思政理念下高校英语教师的专业发展

教师还应该关注数字技术的最新发展,了解相关的伦理问题和挑战,并积极参与讨论和制订相应的伦理规范。通过遵循教育技术的伦理规范,教师不仅能够保护学生的隐私和数据安全,还能建立信任和良好的师生关系,促进数字技术在教育中的可持续发展。

第三节 英语教师团队建设与教学质量保障

一、英语教师团队建设

(一)融入教学共同体,提升语言知识素养

英语教师作为培养下一代语言能力的关键人物,自身的专业成长与持续学习显得尤为重要。尽管在入职前,他们已经接受了系统的学科教学能力培训,掌握了扎实的语言基本功,但社会的快速发展和变革要求他们必须不断更新自己的知识和技能。我们所处的时代是一个知识爆炸的时代,新的词语、概念和技术层出不穷。例如,由中国改革开放40多年来变革催生的"中国梦""互联网+"等词,已经成为现代社会词汇不可或缺的一部分。英语教师需要及时了解并用英语准确表达这些词,才能将这些新鲜元素融入课堂教学中,激发学生的学习热情。然而,仅仅依靠英语教师个人的学习是远远不够的。在这个快速变化的时代,教师需要融入教学共同体,通过"共愿、共为、共享、共荣"的机制与途径,充分挖掘、利用有助于自身发展的资源。具体来说,教师可以通过以下途径来提升自己的语言知识素养。

第一,所属校的备课组和教研组是英语教师提升语言知识素养的重要平台。通过集体备课、听课、评课、师徒结对等形式,教师可以互相借鉴与学习,分享各自的教学经验和心得。这种互动和合作不仅有助于提升教师的教学水平,还能够促进教师之间的团结和协作。校际的教学共同体也是英语教师提升自我不可忽视的途径。各地教师发展中心组织的教学研讨活动、教学竞赛,以及各类名师工作室开展的活动,都为英语教师提供了宝贵的学习机会。通过参与这些活动,教师可以接触到不同的教学风格和策略,拓宽自己的教学视野,进而反思并提升自身的语言知识素养。

第二,跨学科、跨学校、跨地区、跨国界的教学共同体为英语教师提供了更加广阔的学习空间。在学科交叉、地域融合、多元文化的环境下,英语教师可以取长补短、互学互鉴,进一步丰富自己的语言知识库。这种跨界的合作与交流有助于打破传统的教学思维束缚,激发教师的教学创新精神,为培养具有全球视野的学生提供有力支持。

(二)浸润优秀文化,提升文化知识感悟素养

在人类社会的历史长河中,文化如同一座璀璨的宝库,汇聚了无数群体的智慧与创造力。跨文化交际学研究者常常将文化的主观部分视为社会群体共同创造和分享的规则集合。这些规则不仅涵盖了世界观和思维方式,还涉及价值取向、行为模式以及语言和非语言系统等多个层面。面对如此丰富多样的人类文化,英语教师如何精准地选择、提炼文化知识,成了一个值得深入探讨的问题。英语教师文化知识的感悟素养的提升,可以从跨文化意识、跨文化敏感度和跨文化感悟力三个方面进行。

1.跨文化意识

跨文化意识在交际中的重要性不容忽视。这种意识不仅体现了一个人对自我文化的认知,还包括对他人文化的理解和尊重。跨文化意识的培养对于英语教师来说尤为重要,因为他们在教学中不仅要传授语言知识,还要帮助学生建立正确的文化观念,培养他们在跨文化交流中的能力。

跨文化意识主要体现在两个层面:认知和理解。浅层的跨文化意识是指对各种文化现象的认识,即了解文化"是什么",包括对各种文化符号、习俗、传统和价值观的认识。英语教师需要广泛涉猎不同文化的知识,以便在教学中为学生提供丰富的文化素材,帮助他们开阔视野,增强文化敏感性。深层的跨文化意识则是指理解文化中"为什么"的内容。这需要对文化现象进行深入挖掘,探究其背后的成因和历史演进。英语教师不仅要了解文化事实,还要进一步思考这些事实背后的原因,

第七章
课程思政理念下高校英语教师的专业发展

掌握文化事实所涉及的人生观、价值观和世界观。只有这样,他们才能在教学中引导学生深入思考,培养学生的跨文化理解力和判断力。为了提升自己的跨文化意识,英语教师需要勤于学习、善于思考。他们应该不断分析相关信息,了解不同文化的历史、传统和价值观。同时,他们还需要与来自不同文化背景的人进行交流,亲身体验不同文化的魅力。通过这些学习和实践,英语教师可以逐渐提升自己的跨文化意识,为培养学生的跨文化交际能力奠定坚实基础。

2. 跨文化敏感度

在全球化日益加速的当下,跨文化敏感度已成为英语教师不可或缺的核心素养。这种敏感度源于特定情境或个人所引发的情绪或感情的变化,它使英语教师能够在日常生活和工作中灵活切换主位和客位视角,从而深入理解并欣赏不同民族的文化。主位视角是英语教师解读本土文化的重要工具。站在这一立场上,教师可以深入解读中华文化特有的观念、行为、概念等要素,挖掘其中的深刻内涵和独特魅力。这种对本土文化的深刻理解不仅有助于英语教师形成自身的文化自信,也能为他们提供一个独特的视角,用以观察和解读其他文化。然而,仅仅依赖主位视角是不够的。英语教师还需要具备客位视角,即站在科学、普遍的立场上研究跨文化能力,尽量避免受到自身文化的影响。通过这种视角,教师可以超越本土文化的局限,揭示文化发展的普遍规律和一般原理。这种跨文化的洞察力有助于教师更好地理解和欣赏其他民族的文化,发现不同文化之间的相似点和差异性。

在日常生活中,英语教师应努力实现主位和客位视角的互补。他们应秉持立足中华优秀文化的主位视角,同时兼具揭示文化发展的普遍规律和一般原理的客位视角。通过对比不同民族文化的相似点和差异性,教师可以学会欣赏本族和他族的文化,培养自身的跨文化敏感度。这种敏感度不仅有助于教师个人的成长和发展,更能为他们的课堂教学活动注入新的活力,开掘至新的深度。在课堂教学中,英语教师应积极引导学生用英语讲好中国故事。通过主位和客位视角的兼顾,帮助学生深入理解中华文化的精髓和独特魅力,同时培养他们的跨文化意识和能力。这样的教学活动不仅能够提高学生的语言技能,还能培养他们的跨文化素养,使他们成为具有全球视野和国际竞争力的优秀人才。

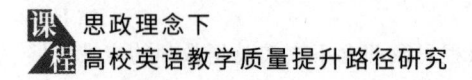

3. 跨文化感悟力

在跨文化交流中，英语教师扮演着举足轻重的角色。他们不仅需要教授英语知识，更需要传递跨文化的价值观，帮助学生理解并尊重不同的文化背景。这种跨文化感悟力是英语教师必备的核心能力，它要求教师在理解和包容的前提下，深入挖掘教材和生活中的文化知识，同时结合学生的个性特点、思维方式和学习习惯，提取出适合学生学情和符合教学目标的文化元素。在当今互联网时代，学生被称为"数字原住民"，他们具有鲜明的个性特点，如自主意识强、敢于表达、语言鲜活、独立探索学习能力较强等。然而，由于网络环境信息的碎片化，他们也可能面临知识理解不够深入、思维不够系统等问题。因此，英语教师在培养学生的跨文化感悟力时，既要充分利用学生的优势，又要引导他们克服潜在的不足。

英语教师作为"数字移民"，不仅需要补充数字信息相关知识，也更需要拥有敏锐的跨文化洞察力和深厚的专业素养。仅凭英语学科教学理论或英语文学、英语语言学等专业知识，往往难以从纷繁复杂的文化现象中精准地选取适合课堂教学且能对外传播中国形象的文化元素。这就要求英语教师必须改善自身的知识结构，提升跨文化感悟力。为此，英语教师需要秉持终身学习理念，不断学习与跨文化素养相关的学科，如人类学、社会学等。通过学习这些学科，教师可以更深入地理解不同文化背景下人们的价值观、信仰、习俗等，从而更好地指导学生进行跨文化交流。跨文化感悟力不仅要求英语教师具备丰富的知识储备，更强调其在实际教学中的运用。英语教师应在不断学习、拓展知识的基础上，更准确地把握互联网时代高等教育阶段学生的特点，收集、整理能够融入高等教育的优秀文化素材。同时，教师还需要具备捕捉学生"兴奋点"的能力，通过生动有趣的课堂教学，激发学生的学习兴趣，引导他们用英语讲好中国故事，增强他们的文化自信。

二、英语教师教学质量提升的保障

英语教师教学质量的提升是教育领域中一个至关重要的话题。为了确保英语教师能够持续进步，提供高质量的教学，有几个关键的保障措施是不可或缺的。

第七章
课程思政理念下高校英语教师的专业发展

（一）持续的教师培训

在当今快速发展的教育事业中，持续的教师培训已成为提升英语教师教学质量不可或缺的一环。教育部门和学校应当深刻认识到这一点，并为教师提供定期的培训和进修机会，使他们能够紧跟教育潮流，不断更新教育理念和教学方法。

教育是一个不断进步、不断创新的领域，新的教育理念、教学方法和技术层出不穷。作为英语教师，要想在教学工作中取得更好的成绩，就必须保持对新知识、新技能的持续学习和掌握。只有这样，他们才能更好地适应教育发展的需求，为学生提供更高质量的教学服务。

教师培训的内容应当丰富多样。一方面，教师可以学习最新的语言教学理论，了解不同教学理念的优势和适用场景，以便在实际教学中灵活运用。另一方面，他们还可以掌握教育技术的应用，如多媒体教学、在线教学等，以提高教学效果和效率。此外，课堂管理技巧的培训同样重要，它可以帮助教师更好地掌控课堂氛围，维持教学秩序，确保教学活动的顺利进行。

教师培训的形式也应该灵活多样。除了传统的线下培训外，还可以利用网络平台开展远程培训，方便教师随时随地学习。同时，学校还可以组织教师交流研讨会，让教师分享教学经验、交流心得，共同成长。

（二）建立良好的教学评估机制

教学评估不应局限于学生的单方面评价，而应是一个多元化、综合性的过程。学生评价是一种直接的反馈方式，可以反映教师的教学方法、课堂组织、教学态度等多个方面；但同时也需要考虑学生评价可能受到个人喜好、学习动力等多种因素的影响；因此评估结果应与其他形式的评估相结合，如同行评议和专家评审。同行评议是指英语教师之间互相评价彼此的教学方法和效果，这种方式有助于教师之间的相互学习、取长补短，并形成一种积极的教研氛围。专家评审则是由教育领域的专家对教师教学进行深入的剖析和评价，提供更具专业性和针对性的建议。

为了确保评估结果的客观性和准确性，学校应确保评估过程的公正、公开和透明。同时，评估结果不应仅仅作为一种奖惩的依据，更应被视为教师个人成长和专业发展的宝贵资源。学校应为教师提供具体的反馈和建议，帮助他们明确自己的优点和不足，进而调整教学策略，提高教学质量。除此之外，教学评估机制还应鼓励教师的创新精神和教学探索。对于在教学改革和实践中取得显著成效的教师，学校应给予充分的认可和支持，以激发更多教师投身于教学研究和创新的热情。

（三）加强英语教师之间的合作与交流

英语教师之间的合作与交流在提升教学质量方面发挥着至关重要的作用。这种合作与交流不仅有助于教师个人专业成长，还能为学生创造更加丰富多彩的学习环境。为了加强英语教师之间的合作与交流，学校应当积极组织各种教研活动，为教师提供一个分享经验、探讨教学方法的平台。

定期的教研活动可以包括教学观摩、教学研讨、教学经验分享等多种形式。在这些活动中，教师可以相互观摩课堂，了解彼此的教学风格和特点，从中汲取灵感和启示。同时，教师还可以就某个具体的教学问题展开深入研讨，共同寻找解决方案。通过集思广益、取长补短，每位教师都能在教学方法和技巧上获得新的突破。

此外，在教研活动中，教师可以分享各自的教案和课件等教学资料，从而丰富教学内容，提高教学效果。这种资源共享有助于减轻教师的工作负担，让他们有更多时间和精力投入到教学研究和创新中。

除了教研活动外，学校还可以通过组织教师培训、学术讲座等方式加强英语教师之间的合作与交流。这些活动可以让教师接触到最新的教育理念和教学方法，拓宽他们的视野，激发他们的创新精神。同时，通过这些活动，教师还可以建立更加紧密的联系和深厚的友谊，形成一个团结、互助、共同进步的教学团队。

（四）为教师提供良好的工作环境和激励机制

一个舒适的工作环境对于任何职业来说都是至关重要的，对于教师而言更是如此。教育是一项需要高度投入和充满高涨热情的职业，而一个温馨、和谐且充满支持的工作环境可以极大地激发教师的工作热情。

第七章
课程思政理念下高校英语教师的专业发展

这种环境可能包括良好的教学设施、充分的备课资源、和谐的同事关系以及学校领导的支持与理解。当教师感到被尊重和认可时,他们更有可能全身心地投入到教学工作中,进而为学生提供更高质量的教育。

激励是提升教师工作积极性和教学效果的关键因素。这不仅仅是指物质上的奖励,如提供更高的薪酬、奖金或更好的晋升机会,更重要的是精神上的激励。例如,定期举办教学比赛,为优秀教师提供展示才华的平台;设立教学创新奖,鼓励教师在教学方法和策略上进行探索和创新。这些激励不仅可以帮助教师实现自我价值,还能促使他们在教学上不断追求卓越,从而为学生提供更加优质的教育体验。此外,为教师提供职业发展的机会也是至关重要的。教师的职业成长不仅关乎个人的发展,也直接关系到教育的质量和深度。因此,教育部门和学校应该为教师提供更多的培训和学习机会,如定期举办教育研讨会、邀请专家举办讲座或提供在职进修课程等。这些措施不仅可以帮助教师不断更新知识、提升技能,还能为他们打开更广阔的职业发展空间,进一步激发他们的工作热情和创新精神。

第八章　课程思政理念下高校英语教学的展望

随着课程思政理念的深入人心,高校英语教学也迎来了前所未有的发展机遇。在这一理念的指导下,英语教学不仅仅是一门语言技能的培养,更是培养具有国际视野、跨文化交流能力和批判性思维的高素质人才的重要途径。未来,高校英语教学将在课程思政理念的引领下,不断创新教学方法和手段,丰富教学内容和形式,为培养全面发展的优秀人才贡献力量。

第八章
课程思政理念下高校英语教学的展望

第一节 高校英语教学的发展趋势预测

随着课程思政理念的深入人心,高校英语教学正面临着前所未有的发展机遇与挑战。在这一背景下,英语教学不再仅仅是语言知识的传授,更重要的是通过语言学习,引导学生形成正确的世界观、人生观和价值观。因此,高校英语教学的发展将更加注重思政元素的融入,实现语言知识与思政教育的有机结合。

一、教学内容的深度整合

未来,高校英语教学将更加注重对思政元素的挖掘和整合。在课程设置上,将更加注重与思政课程的衔接与配合,将课程思政理念融入英语教学之中。例如,在英语教材中增加与中国特色社会主义相关的内容,让学生在学习语言的同时,更加深入地了解国家的发展历程和取得的成就。此外,英语教师还将积极挖掘英语课程中的思政元素,通过对比分析中西方文化、价值观的差异,引导学生形成正确的文化认同和价值观念。

同时,高校英语教学也将借助现代科技手段,创新教学方式方法,提高思政教育的效果。例如,利用人工智能、大数据等技术手段,对学生的学习情况进行实时监控和评估,为学生提供个性化的学习方案和资源推荐。此外,通过在线课堂、慕课等形式,将思政教育与英语教学相结合,让学生在学习中更加深入地了解国家的政治、经济、文化等方面的发展情况,增强爱国情感和家国情怀。

高校英语教学还将积极与其他学科进行交叉融合,共同推进思政教育的发展。例如,在英语教学中融入历史学、社会学、心理学等相关学科的知识,让学生在学习语言的同时,更加全面地了解国家的历史、文化和社会背景,提高综合素质和人文素养。

最后,高校英语教学还将积极开展志愿服务等社会实践活动,让学生在实践中深入了解社会、体验生活,增强社会责任感和奉献精神。

二、教学方法手段的创新

在教学方法上,高校英语教学将更加注重创新,采用更加多样化和灵活的教学方式。例如,通过组织小组讨论、角色扮演等互动式教学活动,激发学生的学习兴趣和积极性,让学生在参与中感受和思考思政元素。小组讨论和角色扮演等互动活动将帮助学生更好地理解和应用所学知识,同时增强他们的团队协作能力和沟通技巧。同时,英语教师还将借助现代教育技术手段,如多媒体教学、网络教学等,为学生提供更加丰富的学习资源和生动的学习环境。这样的教学变革不仅将提高学生的英语语言能力,同时也能够培养学生的跨文化交流能力和批判性思维。多媒体教学和网络教学等现代教育技术手段的应用,将使英语教学更加直观、生动和有趣。学生可以通过这些现代化的教学方式,接触到更多的真实语境和案例,从而更好地理解和运用英语知识。同时,这些技术手段也将为学生提供更多的自主学习机会和资源,帮助他们更好地掌握学习进度和效果。

三、教学评价体系的完善

随着课程思政理念的推进,高校英语教学的评价体系也将发生相应的变化。未来的英语教学评价将更加注重对学生思政素养的考查,将思政元素融入评价标准和评价过程中。例如,在英语考试中增加对学生文化意识、价值观念等方面的考查,以检验学生是否真正理解和掌握了所学的思政内容。同时,英语教师还将建立更加全面、客观的评价机制,从多个角度对学生的英语水平和思政素养进行综合评价。这样的变革意味着学生不仅需要在英语学科上表现出色,更要展现出对思政理念的深入理解和积极实践。这种评价方式将鼓励学生把英语学习与日常生活紧密联系起来,增强他们的社会责任感和使命感。

第八章
课程思政理念下高校英语教学的展望

四、教师角色的转变与提升

在课程思政理念下,高校英语教师的角色也将发生转变。英语教师将不再仅仅是知识的传授者,更成为学生思想引领和价值观塑造的重要参与者。因此,英语教师需要不断提升自身的思政素养和教学能力,以更好地履行这一职责。具体来说,英语教师需要加强对思政理论的学习和研究,提高自身的思想觉悟和政治素养;同时,英语教师还需要不断更新教学理念和方法,提高教学水平和教学效果,以更好地满足学生的学习需求和发展需要。

第二节　课程思政理念在高校英语教学中的深化拓展

一、课程思政理念在高校英语教学中深化拓展的意义

课程思政理念在高校英语教学中的深化拓展是当前高等教育改革的重要方向之一。这一方向强调将思想政治教育融入各类课程之中,以提高学生的思想道德素质、政治觉悟和人文素养,培养学生的综合素质和社会责任感。在高校英语教学中,深化拓展课程思政理念具有重要的意义。

首先,英语作为一门国际通用语言,不仅是交流的工具,更是文化的载体。在高校英语教学中,深化拓展课程思政理念,可以帮助学生更好地理解和传播中华优秀传统文化,增强文化自信和民族自豪感。同时,英语学习中涉及的国际话题和案例,加以正确分析,可以引导学生正确看待世界大势,形成人类命运共同体的理念,培养学生的全球视野和国际胸怀。

其次,课程思政理念在高校英语教学中的深化拓展,也有助于提高学生的综合素质和社会责任感。在英语教学中,渗透思想政治教育,可以引导学生树立正确的世界观、人生观和价值观,培养学生的道德情操和社会责任感。同时,英语学习中涉及的实际问题和挑战,可以引导学

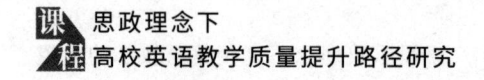

生积极思考和探索,培养学生的创新能力和实践能力。

二、课程思政理念在高校英语教学中深化拓展的措施

课程思政理念在高校英语教学中的深化拓展需要多方面的措施共同推进。整合思政元素与英语教学内容、创新教学方法和手段、加强师资培训与团队建设、完善评价体系与激励机制,以及加强与相关学科的交叉融合等措施的实施,可以有效提升高校英语课程的思政育人功能,培养具有高尚品德和国际视野的优秀人才。

(一)整合思政元素与英语教学内容

高校英语教师作为教育的重要力量,肩负着培养学生综合素质和能力的使命。在英语教学中,除了传授语言知识和技能外,还应注重思政元素的融入,以培养学生的思辨能力和正确的价值观念。下面将从以下几个方面探讨高校英语教师如何深入挖掘英语教材中的思政元素,并将思政理念自然地融入英语教学之中。

1. 引入相关的思政观点

在讲解某个历史事件或文化现象时,教师可以引入相关的思政观点,引导学生进行深入思考和讨论。例如,在讲解美国民权运动时,教师可以介绍马丁·路德·金的演讲 *I Have a Dream*,并引导学生思考平等、自由等价值观念在现代社会中的意义。

2. 利用文学作品进行思政教育

英语文学作品是思政教育的宝贵资源。教师可以通过对文学作品的深入解读,引导学生理解作者所传递的思想和价值观。例如,在讲解莎士比亚的悲剧作品时,教师可以引导学生思考人性的复杂性、道德的重要性等议题。

3. 结合社会现象进行思政教育

社会现象应该成为英语教学中不可忽视的思政元素。教师可以通过对现实社会现象的剖析,引导学生关注社会问题,培养社会责任感。

第八章
课程思政理念下高校英语教学的展望

例如,在讲解环境保护的相关文章时,教师可以引入当前的环境污染问题,引导学生思考人类与自然的关系以及可持续发展的重要性。

为了更好地将思政元素融入英语教学,高校英语教师需要不断提升自己的思政素养和教育教学能力。同时,学校也应加强对英语教师的培训和指导,提供丰富的思政教育资源,为英语教师创造良好的教学环境和条件。此外,教育部门也应出台相关政策,鼓励和支持高校英语教师将思政元素融入英语教学之中,推动英语教学与思政教育的有机结合。

(二)创新教学方法和手段

传统的教学方法往往过于注重知识灌输,忽视了学生的学习兴趣和主动性。为了解决这一问题,教师需要不断创新教学手段,采用多样化的教学方法,以激发学生的英语学习兴趣和主动性。

案例分析是一种有效的教学方法,它可以将抽象的英语知识具体化、生动化。通过引导学生分析真实的英语使用案例,如商业谈判、文化交流等,学生能够更加深入地理解英语知识的实际应用,从而提高英语学习兴趣。此外,角色扮演也是一种非常有趣的教学方法。模拟真实的场景,让学生扮演不同的角色,进行英语对话和交流,可以帮助学生更好地提升英语口语能力和交际能力。

除了传统的课堂教学方法,现代信息技术手段也为英语教学带来了无限的可能性。多媒体教学可以通过图像、声音、视频等多种形式展示英语知识,使学生更加直观地了解英语文化和社会背景。同时,在线课程也可以为学生提供更加灵活的学习方式,让学生随时随地学习英语,增强英语学习的实效性。当然,多样化的教学手段并不意味着可以完全抛弃传统的教学方法;相反,传统的教学方法和现代教学手段应该相互补充,共同服务于学生的学习需求。教师需要根据学生的实际情况和教学目标,灵活运用不同的教学方法和手段,以达到最佳的教学效果。

(三)加强师资培训与团队建设

在当前全球化的背景下,英语教育已经不仅仅是语言知识的传授,更关乎培养学生的跨文化交流能力和国际视野。因此,英语教师的思政素养和教学能力显得尤为重要。为了培养出既精通英语又具备高尚思政品质的学生,高校必须加强对英语教师的思政培训,提高他们的专业素养和教学能力。

首先,要明确思政培训的重要性。思政培训不仅有助于英语教师树立正确的价值观,还能够使他们更好地将思政元素融入英语教学之中。通过培训,教师可以深入了解国家的政治方针和教育政策,把握时代脉搏,从而引导学生树立正确的历史观、民族观和国家观。

其次,提高教师的思政素养和教学能力需要采取多种措施。一方面,高校可以通过组织专题讲座、研讨会等形式,邀请专家学者为英语教师传授思政教育的理论知识和实践经验。另一方面,高校还可以鼓励教师参加国内外学术交流活动,拓宽视野,增强学术素养。此外,高校还应建立健全激励机制,鼓励教师在教学实践中积极探索和创新,将思政教育与英语教学紧密结合,形成教学合力。同时,团队合作在提升英语教师思政素养和教学能力方面发挥着重要作用。通过团队合作,教师可以相互学习、交流经验,共同研发思政英语课程。在团队中,不同背景、不同专长的教师能够相互启发,形成集体智慧,从而推动思政英语课程的创新与发展。

加强对英语教师的思政培训,提高教师的思政素养和教学能力,是当前英语教育的重要任务。高校应该采取多种措施,激发教师的积极性和创造力,推动思政教育与英语教学的深度融合,培养出既精通英语又具备高尚思政品质的学生,为国家的未来发展贡献力量。

（四）完善评价体系与激励机制

在当今教育环境中,建立科学的教学评价体系显得尤为重要。这一体系不仅应关注学术知识的传授,更应融入思政理念,确保学生在获得专业知识的同时,形成正确的世界观、人生观和价值观。这样的教学评价体系有助于引导教师注重培养学生的思政素养,使他们在学习过程中不仅获得知识,更得到个人的全面成长。

科学的教学评价体系应该具备明确、可量化的标准。这些标准不仅包括学术成绩,还应涵盖学生的思政表现。例如,可以通过课堂讨论、课后小组讨论、论文写作等方式,评估学生对思政理念的理解和应用。同时,这些标准应该与课程目标和教学大纲紧密相关,确保评价的客观性和公正性。

第八章
课程思政理念下高校英语教学的展望

（五）加强与相关学科的交叉融合

在当今教育环境下，英语教学已不再是单一的语言技能传授，而是越来越多地与其他学科进行交叉融合，共同推进课程思政建设。这种跨学科的合作模式不仅可以丰富教学内容，拓宽学生的知识视野，还能有效培养学生的综合素质，为他们的全面发展打下坚实基础。

1. 英语教学与历史学的交叉融合

英语教学与历史学的结合可以让学生在掌握英语语言技能的同时，深入了解英语国家的历史文化背景。通过了解英语国家的历史事件、人物、文化传统等内容，学生可以更加深入地理解英语语言的演变和发展，提高语言运用的准确性和得体性。同时，这种跨学科的学习方式还能帮助学生树立正确的历史观，增强他们的民族自豪感和拓宽他们的国际视野。

2. 英语教学与政治学的交叉融合

英语教学与政治学的结合有助于培养学生的政治素养和批判性思维。通过学习政治理论、国际关系、国家政策等内容，学生可以更加深入地理解英语语言在政治交流、政策制定、国际谈判等领域的应用。同时，这种跨学科的学习方式还能帮助学生提高政治觉悟，增强他们的社会责任感和公民意识。

3. 英语教学与文化学的交叉融合

英语教学与文化学的结合可以让学生在掌握英语语言技能的同时，深入了解英语国家的文化、价值观、风俗习惯、社会规范等。通过学习文化学知识，学生可以更加深入地理解英语语言的文化内涵和表达方式，提高语言运用的灵活性和创新性。同时，这种跨学科的学习方式还能帮助学生增强跨文化交流能力，培养他们的国际视野和文化自信。

第三节 推动高校英语教学不断创新与发展的技术应用

一、AI 技术在高校英语教学中的应用

（一）AI 技术在教育领域中的应用

AI 在教育领域的应用已经逐渐普及，并带来了许多创新和改变。以下是一些主要的应用方面。

1. 自适应教育

自适应教育通过分析学生的学习情况和需求，自动调整教学策略和内容，以提供更加个性化的学习体验。这种教育方式可以更好地满足学生的需求，提高学习效果。

2. 智能辅助教学

智能辅助教学可以自动生成教学计划、提供学习资源、评估学生的学习成果等。这种辅助教学方式可以提高教师的教学效率和质量，同时也可以帮助学生更好地理解和掌握知识。

3. 机器学习平台

机器学习平台可以为学生提供大量的在线课程等学习资源，同时也可以根据学生的学习情况和需求，提供更加个性化的学习建议和指导。

4. 智能评估和反馈

智能评估和反馈可以对学生的作业、考试等学习成果进行自动评估和反馈，同时也可以根据学生的学习情况和表现，提供更加个性化的学习建议和指导。

第八章
课程思政理念下高校英语教学的展望

5. 智能教育资源

智能教育资源可以为学生和教师提供更加便捷、高效的教育资源获取方式，同时也可以根据学生的学习情况和需求，提供更加个性化的学习建议和指导。

(二) AI 技术在高校英语教学中的具体应用

1. 机器翻译的应用

（1）机器翻译和人工翻译的关系

随着科学技术的发展，机器翻译取得了显著的进步。在面对加急处理的文件以及原文中庞杂的信息时，人工翻译工作者很难做到在短时间内高质量地产出译文，此时机器翻译速度快、成本低等优势就能够体现出来了。另外，当原文涉及医疗、金融、科技等具有专业性的知识时，对译者各方面的知识储备要求很高，而译者的学习能力是有限的，因此翻译起来会比较吃力；机器翻译则基于庞大的语料库，能够快速且准确地对专业词汇做出翻译。

然而，机器翻译也仍然存在很多局限性。按照严复先生提出的"信达雅"的翻译要求和原则来看，目前机器翻译的水平基本上只能达到"信"，而在"达"和"雅"层面显然不能与人工翻译相提并论，这也是机器翻译发展的瓶颈。而人工翻译能够在理解的基础上进行翻译，会考虑到不同语言在习惯表达上的差异，能更准确地翻译双关语、隐喻、口号等，译后还可以进行检查、修改，以确保译文达到最高的准确率。充分认识机器翻译和人工翻译各自的优劣有助于译者更好地利用机器翻译。在翻译过程中，译者可以充分利用机器翻译的提示功能，借鉴和参考机器翻译的术语等词汇、句式，或在机器翻译的基础上进行审查、修正、润色。机器翻译出现明显错误的地方，译者更需谨慎处理、反复推敲，从而做出准确清楚的表述。基于机器翻译提供的大数据信息，译者可以进行分析对比，呈现出更好的译文。这也就是所谓的译后编辑。在译后编辑的过程中，译者可以利用机器翻译的回译核查功能，使用机器翻译对译文进行回译，对译文进行核查。而人工修改后的译文可以重新交给机器进行学习，充实语料库，进一步提高翻译质量。

思政理念下高校英语教学质量提升路径研究

不可否认,机器翻译正在不断地进步和发展,它的高速度等便捷性和低成本不可忽视。这给翻译行业带来了一定的冲击,很多人在对机器翻译相关知识一知半解的情况下就对"机器翻译将取代人工翻译"的言论过于焦虑。作为语言学习者,应正确认识机器翻译,人机协同作业将成为行业的新趋势。虽然机器翻译存在很多局限性,缺少人类的内心情感与对语言的理解能力,翻译结果的可信度仍有待提高,但它能够在多个方面给译者提供一些有价值的参考,发挥提示、回译核查作用,进一步提升人工翻译的效率和质量;而人工翻译也为机器翻译提供了越来越多的语料,以促进机器翻译的进一步发展。[1]

(2)机器翻译平台的改进

为了更有效地实施基于机器翻译平台的翻译教学和译后编辑能力培养,可以从以下几个方面对平台进行改进。

首先,精心筛选翻译材料,构建一个全面而科学的机器翻译素材库。这一举措对机器翻译教学至关重要,需要教师齐心协力,共同积累和搜寻大量相关资料。同时,也应注意到学生对平台提供丰富多样的翻译素材库的需求。在素材充足的基础上,学生可以根据自己的实际水平选择合适的语料进行训练。此外,通过分析学生在翻译练习中常犯的高频错误,平台可以推送更多相关素材练习,帮助学生有针对性地提高自主学习能力。

其次,优化平台的作业反馈方式和数据显示,同时建立评论区和优秀作业展示区。教师需要为每位学生提供个性化的作业批阅和反馈,考虑到学生的学习水平和特点各异,应为每名学生建立个性标签库,使反馈更具针对性,提高学生的学习兴趣和积极性。除了传统的作业打分,教师还可以建立个性化点评库,特别是通过正面评价标签的使用,激发学生的积极情绪,进一步提升他们的学习兴趣。同时,平台应优化界面设计,确保学生在提交译文后能立即看到参考译文,以便他们在看到教师反馈后进行修正并重新提交。此外,建设在线交流论坛区,可方便师生互动;公布每次作业的班级平均分和最高分,有助于学生更好地分析自己的解答,形成良好的学习氛围,激励学生认真对待翻译学习。

最后,将机器翻译平台的自主学习与教师面授总结相结合,开展混

---

[1] 刘文瑛,詹晶辉.从高校公共生和研究生的蹩脚翻译看加强翻译训练的必要性[J].中国翻译,1998(01):28-30.

第八章
课程思政理念下高校英语教学的展望

合式教学。在培养译后编辑自主学习能力时,译者应避免过度依赖机器翻译平台。尽管计算机翻译平台辅助下,学生的自主学习成效显著,但对于学习成绩落后的学生,仍需要教师面对面地讲解知识点以取得更好的效果。因此,在条件允许的情况下,教师应进行面授讲解,重点分析高频错误点和重要知识点。这种混合式教学方法能够及时、高效地避免机器翻译的负面影响,并帮助学生更好地巩固和吸收知识。

2. 聊天机器人的应用

在当今这个信息化社会,智能语音服务已经深入到我们的日常生活中,成为不可或缺的一部分。从微信语音信息、智能手机语音助手到智能音箱,这些聊天机器人的对话能力背后都离不开对网络上海量公开数据的挖掘和处理。不同于早期的专家系统训练方法,现代聊天机器人更多地依赖人工神经网络技术和大数据算法,这使它们能够在面对各种复杂情况时,提供更为人性化、智能化的应对措施。

在这一领域,智能语音行业的领军人物"小微"无疑是一个值得关注的对象。作为智能服务系统,小微不仅是一个智能服务开放平台,更是帮助智能硬件制造商实现语音人机交互和音视频交互服务的重要工具。接入小微的硬件,在听觉与视觉方面能快速发挥感知能力,使用户可以通过简单的语音指令完成各种操作,如播放音乐、查询天气、学习外语、设置事件提醒等。它的特点包括以下几方面。

首先是语音识别技术。通过心理学与语言学的结合以及神经网络的设计开发,小微能够将文字智能地转化为自然语言流,实现让机器说话的功能。这一技术在内置芯片的性能保障之下,使人机对话更加自然、流畅。

其次是情绪识别技术。通过特定的算法,小微能够分析用户语言指令的情绪情况,并根据情绪变化作出相应的反应。这种情绪识别技术还可以通过可视化的表情反馈在有屏设备上,使人机交互更加生动、有趣。

再次是实时翻译功能。小微支持中英两种语言的实时翻译功能,并且可以进行语音播报。这一功能对于跨语言交流的用户来说无疑是一个极大的便利。

最后是人机对话能力。在提供了足够多的对话数据后,小微能够帮助用户,提供基于该数据的机器自动对话能力。这种能力可以应用于个体对话智能、客户服务智能、聊天协助插件等的开发与制造。通过对话交流,小微不仅能够为用户提供各种服务,还能成为用户的知心朋友,解决生活中出现的一些问题。

正如小微团队所强调的,对话是天然的交互方式,而机器人正是对话交流最好的载体。在这一领域,小微具有永久在线、绘制用户画像、使用大数据技术、服务闭环等优点,使人和服务、人与人能够与 AI 机器人相连。同时,小微对为千万服务号提供自动、实时、智能服务的机器人的研究也体现了这一观念。有理由相信,随着技术的不断进步和应用场景的不断拓展,小微等智能语音服务将会在人们的生活中发挥更加重要的作用,成为人们不可或缺的生活服务。

二、AR 技术在高校英语教学中的应用

(一)AR 技术的内涵

AR 技术(Augmented Reality)即增强现实技术,是一种将虚拟信息融合到现实世界中的技术。通过计算机科学技术仿真,AR 技术能够将现实世界特定时空中难以体验到的信息与现实场景叠加到一起,为人类带来全新的感官体验。AR 技术的应用范围广泛,从娱乐、游戏到教育、医疗等领域都有。

AR 技术具有以下三个方面的特点。

首先,AR 技术的最大特点在于其虚实结合的能力。与 VR 技术不同,AR 技术并不是将用户完全沉浸在一个虚拟的环境中,而是将虚拟信息融合到现实世界中,让用户能够在保持与现实世界联系的同时,获得更丰富的信息体验。这种呈现方式既可以利用现实世界的实际场景,又可以借助虚拟信息构建出灵活多变的环境,使教学资源的制作形式更加多样化,延展了教学资源建立的渠道。例如,在教育领域,AR 技术可以将教材中的图片通过 AR 相机进行识别,生成相应的三维模型。学生通过调整图像在 AR 相机中的位置,改变模型在 AR 相机里的视角,实现实时、全方位地观察模型,从而培养学生的空间思维能力。

其次,AR 技术具有实时交互的特点。用户可以通过设备在 AR 构建的世界里,将虚实信息结合起来判断,实现实时交互。这种交互方式使得用户能够更加自然地与虚拟信息互动,提高了用户的参与度和沉浸

感。在教育领域,AR 技术的实时交互功能可以帮助学生更好地理解和掌握知识。

最后,AR 技术还能带来沉浸式体验。沉浸感是 AR 技术和 VR 技术共同的特点,给用户带来身临其境的感受,让人融入和沉浸其中。在教育领域,沉浸式体验能够创造一个让学生专注的学习情境。与传统的情境式教学法相比,AR 技术能够构造更加直观的学习情境,免去了传统方式构造的学习情境进入学生思维二次加工的步骤。这种直观性不仅提高了学生学习的专注度,还能够让他们更加深入地理解学习内容。

(二)AR 技术在高校英语教学中的应用策略

AR 技术在高校英语翻译教学中得到具体应用,为教师和学生提供了一种全新而富有创意的教学和学习工具。它不仅为学生创造了一个更加真实和可互动的学习环境,也进一步提高了教学质量和学习效率。

1. 词汇学习方面

在词汇学习的广阔天地中,AR 技术以其独特的魅力,为学习过程注入了新的活力。AR 技术通过将英语单词和短语的指涉内容以三维的形式呈现在学生面前,让学生能够通过直观的方式理解单词的含义和用法,这无疑为词汇学习带来了革命性的变革。

例如,当学生学习关于动物或植物的词汇时,面对的不再是单调乏味的书本知识,而是通过 AR 设备,塑造的动物或植物模型,学生可以看到一只栩栩如生的狮子,或者是一朵盛开的玫瑰。这种沉浸式的体验让学生仿佛置身于大自然之中,与这些生物亲密接触,从而更加深入地理解单词所代表的含义。

不仅如此,AR 技术还能为学生提供与单词相关的例句和翻译。例如,当你看到一只狮子时,屏幕上会显示出"lion"这个单词,并伴随着一句例句:"The lion is the king of the jungle."(狮子是丛林之王。)这样的设计不仅帮助学生记住单词的拼写和发音,还能让他们理解单词在实际语境中的运用。

这种利用 AR 技术进行词汇学习的方式,不仅增加了学习的趣味性,也显著提高了学生的学习效果。与传统的词汇学习方式相比,AR

技术所带来的沉浸式体验让学生更加投入,更加愿意主动探索和学习。同时,通过直观的方式理解单词的含义和用法,学生更容易形成深刻的印象,从而更好地记忆和运用这些词汇。

当然,AR 技术在词汇学习中的应用还有很大的发展空间。例如,我们可以设想一种更高级的 AR 应用,它不仅能够呈现出三维的动物或植物模型,还能够模拟出这些生物的行为和声音,让学生在多个感官上得到全面的体验。此外,AR 技术还可以结合语音识别和人工智能技术,让学生在与虚拟事物的互动中练习发音和口语表达。

2. 语法和句子结构的学习方面

在英语语法和句子结构的学习中,借助 AR 技术,可以构建一个生动、真实的虚拟英语环境,让学生沉浸其中,仿佛置身于真实的英语对话场景中。

通过佩戴 AR 眼镜,学生可以进入一个充满异国风情的英语世界。在这一世界里,他们可以遇到各种各样的英语母语者,与他们进行实时的对话交流。此类对话场景丰富多样,可以涵盖日常生活中的各个方面,如购物、旅行、工作、学习等。学生在与这些虚拟角色的互动中,不仅能够锻炼自己的听说读写能力,还能深入了解英语国家的文化和习俗。

更重要的是,通过先进的自然语言处理技术,AR 系统可以准确地识别出学生的语言错误,并在屏幕上以醒目的方式显示出来。同时,系统还会提供正确的修改建议,帮助学生纠正错误,掌握正确的语法和句子结构。

这种学习方式的优势在于它将传统的课堂教学与现代化的技术手段相结合,让学生在实践中学习和掌握英语翻译的技巧。与传统的课堂教学相比,AR 技术为学生提供了更多的实践机会和更及时的反馈,使他们能够在不断尝试和修正中提高自己的英语水平。

此外,AR 技术还能激发学生的学习兴趣和动力。通过构建生动有趣的虚拟环境,AR 技术可以让学生感受到英语学习的乐趣和实用性,从而更加主动地投入到学习中去。这种积极主动的学习态度对于提高学生的英语水平和培养终身学习的习惯具有重要意义。

第八章
课程思政理念下高校英语教学的展望

3. 用于辅助学生进行英语阅读和写作训练

在英语阅读和写作训练方面，AR 技术的应用不仅可以提升学生的学习体验，还能有效提高他们的学习效率。

在阅读方面，传统的英文原著阅读往往需要学生具备一定的词汇量和背景知识，这对于许多初学者来说是一个巨大的挑战。而借助 AR 技术，学生可以通过头戴式设备或者平板电脑，以全新的视角体验英文原著的魅力。AR 设备能够将原著中的场景、人物以三维的形式呈现在学生面前，让他们仿佛置身于故事的世界中。同时，通过 AR 设备的交互功能，学生可以轻松获取到相关的背景知识、生词解释等，这不仅能够降低阅读难度，还能激发他们对英语学习的兴趣。

例如，当学生在阅读一部关于中世纪的英文小说时，AR 设备可以将小说中的城堡、骑士、宫廷等场景以三维的形式展现出来。学生可以通过点击或触摸屏幕，查看相关的背景知识，了解中世纪的社会制度、风俗习惯等。这样的阅读体验不仅让学生更加深入地理解故事情节，还能拓宽他们的知识视野。

在写作方面，AR 技术同样能够发挥巨大的作用。传统的写作训练往往局限于纸笔或电脑，学生很难感受到真实的写作场景。而借助 AR 技术，学生可以进入一个虚拟的写作环境，模拟真实的写作场景，如写作邮件、论文、新闻报道等。在这一虚拟环境中，学生可以根据自己的需求选择不同的写作工具和模板，甚至可以与虚拟人物进行对话，获取写作灵感。

更重要的是，AR 设备还可以提供实时语法检查、拼写检查、句式优化等功能。这些功能可以帮助学生在写作过程中及时纠正错误，提高写作质量。同时，AR 设备还能根据学生的写作风格和水平，提供个性化的建议和指导，帮助他们更好地提升自己的写作水平。

4. 用于模拟国际会议和商务谈判等场景

在模拟国际会议和商务谈判等场景中，AR 技术可以让学生身临其境地参与角色扮演和模拟实践，从而更加深入地了解英语在国际交流中的重要性和应用价值。

（1）模拟国际会议：实践英语交流能力

利用 AR 技术，教师可以为学生构建一个逼真的国际会议场景。在这一虚拟环境中,学生将扮演来自不同国家的代表,围绕某个议题展开激烈的讨论。这样的模拟实践不仅让学生有机会运用英语进行实际交流,还能让他们深刻体会到在国际舞台上,英语作为一种通用语言的重要性。

通过模拟国际会议,学生可以锻炼自己的英语听力、口语和表达能力。在与"其他国家代表"交流的过程中,他们需要迅速理解对方的观点,并用英语进行有效回应。同时,他们还需要学会如何在多元文化背景下表达自己的立场,这对于培养他们的跨文化交际能力至关重要。

(2)模拟商务谈判:提升英语应用技能

除了模拟国际会议,AR技术还可以用于模拟商务谈判场景。在这一场景中,学生将扮演谈判双方的代表,就某个商业项目或合作事宜展开磋商。这样的模拟实践不仅让学生有机会运用英语进行商务沟通,还能让他们了解到在实际谈判中,如何运用英语来争取自己的利益。

通过模拟商务谈判,学生可以更加深入地了解英语在商务领域的应用价值。他们需要学会如何用英语准确地表达自己的需求、分析对方的立场,以及提出合理的解决方案。此外,他们还需要学会如何在谈判中保持礼貌和尊重,这对于建立长期的商业合作关系至关重要。

然而,AR技术的应用也面临着一些挑战。首先,设备的成本和技术门槛可能会限制其在教育领域的普及和应用。此外,虽然AR技术能够为学生提供丰富的模拟实践机会,但它无法完全替代真实的国际会议和商务谈判。因此,教师需要在使用AR技术的同时,结合其他教学方法和手段,为学生提供更加全面和深入的学习体验。

三、VR技术在高校英语教学中的应用

(一)VR技术的内涵

VR技术(Virtual Reality)即虚拟现实技术,又称为灵境技术,是20世纪发展起来的一种崭新的计算机网络实用技术,它可以通过数字的形式,虚拟出一个逼真的空间。VR技术通过计算机技术、电子信息技术、虚拟仿真技术等,为用户提供高沉浸感的内容,被广泛应用在多个领域。随着科学技术的进步,VR技术也取得了长足的发展,并逐渐

成为科技领域的风向标。

VR技术的特征主要包括以下几个方面。

①沉浸感：虚拟现实技术可以生成一种逼真的三维虚拟环境，用户可以通过头戴式显示器、手柄等设备进行操作，仿佛身临其境地进入这个虚拟世界。这种沉浸感可以让用户完全沉浸在虚拟环境中，专注于对虚拟物体的交互和体验，而忽略了现实世界中的干扰等影响。

②交互性：虚拟现实技术允许用户与虚拟环境进行自然交互，用户可以通过手势、头部转动、身体移动等动作来操作虚拟物体，同时得到相应的反馈，获得对物体形状、大小、重量等的感官体验。这种交互性使用户能够更加真实地感受到自己与虚拟环境的联系和互动。

③想象性：虚拟现实技术可以激发用户的想象力和创造力，用户可以在虚拟环境中进行探索和学习，获取新的知识和技能。同时，虚拟现实技术还可以通过模拟现实生活中的场景和事件，帮助用户更好地理解和掌握现实世界中的知识和技能。

④多感知性：虚拟现实技术可以提供多种感知体验，包括视觉、听觉、触觉、味觉等感官体验。用户可以通过头戴式显示器、手柄等设备感受到虚拟环境中的视觉和听觉刺激，同时还可以通过手柄等设备感受到虚拟物体的大小、形状、重量等物理属性。这种多感知性可以让用户更加真实地感受到自己与虚拟环境的联系和互动。

⑤存在感：虚拟现实技术可以让用户感到作为主角存在于模拟环境中一定程度的真实。这种存在感可以让用户更加深入地参与到虚拟环境的事务中，感受到自己在虚拟世界中的存在和影响力。

（二）VR技术在教育领域的应用

VR技术在教育中的应用主要有以下几个方面。

1.模拟训练

利用VR技术，可以模拟出各种实际场景，供学生进行训练。例如，在医学领域，可以模拟手术室的环境，让学生进行手术模拟训练，提高其实操技能；在军事领域，可以模拟战场环境，让学生进行作战模拟训练，提高其作战能力。

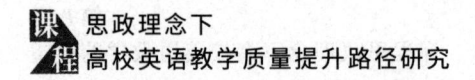

2. 虚拟校园

虚拟校园是 VR 技术在教育培训领域的一种重要应用,它可以提供一种沉浸式的、交互式的虚拟环境,使学生能够更好地理解和掌握知识,提高学习效果。虚拟校园的应用层面包括以下三个。

(1)简单的虚拟校园环境

这种应用层面主要是提供一种虚拟的校园环境,供游客进行浏览和观光。这种应用层面主要是为了展示校园的环境、建筑、设施等基本信息,以及校园的历史和文化等。

(2)功能相对完整的三维可视化虚拟校园

这种应用层面主要是以学员为中心,加入一系列人性化的功能,如虚拟教室、虚拟实验室、虚拟图书馆等。这些功能可以帮助学生更好地进行自主学习和合作学习,提高学习效果。

(3)VR 技术作为基础的虚拟远程教育

这种应用层面主要是利用 VR 技术作为远程教育的基础,提供一种可移动的电子教学场所。这种应用层面可以帮助学生更好地理解和掌握知识,同时也可以提高学生的学习效果和兴趣。

3. 交互式教学

VR 技术可以让学生在一个虚拟环境中与其他学生、教师等进行交互,从而提高学生的参与度和学习效果。例如,在科学领域,可以让学生通过 VR 技术观察到原子的结构、微生物的生存环境等真实世界中难以观察到的现象,并通过交互式学习,深入理解科学原理。

4. 虚拟实验室

利用 VR 技术,可以建立各种虚拟实验室,供学生进行实验操作。例如,在化学领域,可以建立虚拟化学实验室,让学生进行化学实验操作,提高其对化学知识的理解和掌握。

5. 创新教育

VR 技术可以为学生提供开放性的学习环境,有利于培养学生的创新思维和创新能力。例如,在艺术领域,可以利用 VR 技术进行绘画、音乐创作等艺术活动,让学生发挥自己的想象力和创造力。

第八章
课程思政理念下高校英语教学的展望

(三) VR 在高校英语教学中的应用策略

1. 创设三维教学情境

VR 技术在当今社会已经成为一种备受关注的前沿科技。将其融入高校英语教育创新中,有望极大地突破传统课堂的局限性,创建立体、非空间的教育情境。这种创新教育模式不仅能够提升学生的学习体验,还能够帮助他们更好地掌握和应用英语知识。

首先,VR 技术可以为教师提供具体的教学环境,实现模拟的视觉、听觉和触觉体验。通过这种身临其境的教学方式,学生可以更轻松、更便捷地感受和学习英语。例如,在实景化教育场景,如曼哈顿的街道、华盛顿的购物中心等中,学生可以在更真实的社会环境中展示他们的英语交流能力。

其次,VR 技术有助于提高学生的沟通技巧。在 VR 环境中进行角色扮演,可以让学生在模拟的真实场景中锻炼口语表达能力,为他们在实际生活中运用英语奠定基础。同时,这种教学方法也有助于激发学生对英语课程的兴趣,使他们产生继续学习和理解的冲动。

最后,VR 技术还可以根据学生的个性和个人能力进行相应调整,以实现因材施教。对于不同水平的学生,教师可以设置不同难度的教学内容,使每名学生都能在 VR 环境中找到适合自己的学习进度。

2. 构建基于任务的英语模型

VR 技术在我国教育领域中正逐渐崭露头角,特别是在高校英语教学中,其独特的教学模式为提高学生学习兴趣和效果提供了新的可能。通过利用 VR 技术设备,教师可以构建一个连接虚拟与现实的任务型高校英语教学模式,为学生提供一个沉浸式的学习环境。

在这种教学模式下,教师可以设计各种富有挑战性和趣味性的学习任务,以类似于沉浸式游戏的方式分配给学生。学生需要在虚拟世界中与 NPC 进行英语对话,寻找必要的物品或线索,逐步完成剧情任务。这样的教学方式不仅能激发学生的学习兴趣,还能使他们积极参与,提高英语实践能力。

3. 提供分层化教学资源

在现实的教学环境中，高校英语教师面临着一个巨大的挑战，那就是他们所面对的学生人数众多，而且每名学生的兴趣爱好、知识基础和学习习惯各不相同。这种情况无疑进一步增加了教育的难度。我国教育部倡导的"因材施教"教育理念，虽然在理论上能够满足学生的个性化需求，但在实际操作中，要真正做到满足每名学生的需求和目标，却并非易事。

为了应对这种挑战，英语教师可以尝试根据学生的学习兴趣、学习能力、知识储备和考试成绩等指标，将学生进行合理分级。这样的分级并非为了区分优劣，而是为了更有针对性地进行教学，让每名学生都能在适合自己的教学方式和进度下进行学习，从而提高学习效果。

在此基础上，可以构建一个基于VR技术的沉浸式教学课件，并将其分发给不同条件的学生。通过这种方式，学生可以接触到虚拟的学习场景和丰富的英语学习资源，这不仅符合他们当前的综合素养需求，也有助于激发他们的学习兴趣，提高学习效果。同时，这种教学方式还能有效避免因学习压力过大而产生的学习恐惧等负面情绪。

4. 利用VR技术增强学生的学习动力

在VR技术的支持下，学生不仅可以受到书籍和教师的刺激，还能够同时接触来自不同领域的未知刺激。这种多元化的刺激为学生提供了更丰富的学习资源，有助于他们在下一学习阶段实现全面发展，为未来的学习打下坚实的基础。

参考文献

[1] 克拉克,梅耶.数字化学习原理与教学应用[M].盛群力,冯建超,李艳,等译.北京:中国科学技术出版社,2021.

[2] 蔡基刚.中国大学英语教学路在何方[M].上海:上海交通大学出版社,2012.

[3] 陈阳芳.中国大学生英语口语自主学习动机培养研究[M].上海:上海交通大学出版社,2019.

[4] 程向莉.大学英语课程思政教学案例集锦[M].武汉:武汉大学出版社,2022.

[5] 付道明.数字化学习的优化设计与效果研究[M].厦门:厦门大学出版社,2016.

[6] 富婷,曹景凯,赵品一.课程思政与英语教学研究[M].成都:电子科技大学出版社,2021.

[7] 巩湘红,李娇.课程思政建设背景下理工院校大学英语课程体系的构建与实践[M].青岛:中国海洋大学出版社,2022.

[8] 姜帅.英语专业教学特色策略与课程思政的融入研究[M].北京:中国广播影视出版社,2023.

[9] 蒋景东,金晶.高职学生英语学习阻碍机制应对策略"协同"研究[M].杭州:浙江大学出版社,2015.

[10] 康莉.跨文化视角下的大学英语教学:困境与突破[M].北京:中国社会科学出版社,2014.

[11] 李凤.高校外语学科课程思政教学设计案例选编[M].天津:天津人民出版社,2022.

[12] 李宪美.大学生外语学习焦虑研究[M].合肥:合肥工业大学出版社,2014.

[13] 刘丹.基于课程思政的大学英语教学研究[M].北京:中国书籍出版社,2024.

[14] 刘蕊.教育生态化视角下高校英语教学创新研究[M].长春:吉林出版集团股份有限公司,2021.

[15] 雒国庆.大学英语课程思政实践探索[M].北京:九州出版社,2020.

[16] 马晓娜.课程思政融入高校英语教学的理论与实践研究[M].北京:中国纺织出版社,2023.

[17] 史利红.大学英语教学中学习拖延问题研究[M].北京:北京理工大学出版社,2019.

[18] 苏一凡.多模态英语教学理论与实践[M].北京:中华工商联合出版社,2022.

[19] 苏勇,孙世利,毕崇涛.数字化外语教学研究[M].北京:北京航空航天大学出版社,2009.

[20] 谭丁.英语教学与就业能力培养[M].延吉:延边大学出版社,2022.

[21] 王蜜蜜.新时代大学英语课程思政教学指南[M].长春:吉林大学出版社,2022.

[22] 王淑花,潘爱琳.大学英语课程思政教学实践与反思研究[M].北京:首都经济贸易大学出版社,2022.

[23] 王欣,孙珊珊.英语专业教育改革:课程思政与价值引领[M].上海:上海外语教育出版社,2022.

[24] 王志敏.外语学习动机激发策略的理论与实证研究[M].北京:光明日报出版社,2014.

[25] 文旭,徐天虹.外语教育中的课程思政探索[M].重庆:西南师范大学出版社,2021.

[26] 吴秉健.教师网络学习共同体与英语教学数字化融合创新[M].广州:世界图书出版广东有限公司,2019.

[27] 严文庆.大学英语课程思政教学指南[M].上海:华东师范大学出版社,2021.

[28] 杨涛.外语学习倦怠与动机关系研究[M].北京:科学出版社,2015.

[29] 于永昌,刘宇,王冠乔.大数据时代的教育[M].北京:北京师

范大学出版社,2015.

[30] 俞婕,魏琳.数字化时代大学英语翻转课堂新探索[M].北京:冶金工业出版社,2022.

[31] 俞丽芳.基于应用型外语人才培养的专门用途英语(ESP)教学探析[M].成都:电子科技大学出版社,2018.

[32] 臧庆.英语教学与文化融合[M].北京:北京工业大学出版社,2020.

[33] 战德臣,王立松,王杨,等.MOOC+SPOCs+翻转课堂:大学教育教学改革新模式[M].北京:高等教育出版社,2018.

[34] 张亚锋,刘思佳,万镭.专门用途(ESP)英语教学的探索研究[M].西安:西北工业大学出版社,2019.

[35] 郑茗元,汪莹.网络环境与大学英语课程的整合化教学模式概论[M].北京:中国水利水电出版社,2015.

[36] 钟玉芹.大学英语混合式教学探究[M].北京:电子工业出版社,2017.

[37] 周杰,龙汶.外语教育与课程思政[M].贵阳:贵州大学出版社,2022.

[38] 周文娟.大数据时代外语教育理念与方法的探索与发现[M].上海:上海交通大学出版社,2014.

[39] 宋平.大学英语读写课程思政教学模式建构及实施路径研究[J].佳木斯职业学院学报,2024,40(03):154-156.

[40] 张威.课程思政理念下英语教学立德树人研究[J].长春师范大学学报,2024,43(03):172-174.

[41] 周津茹.大学英语课程思政教育路径探索与实践[J].九江学院学报(社会科学版),2024,43(01):52-57.

[42] 姜欢.文化自信引领高职英语教材课程思政配套资源建设[J].林区教学,2024(03):28-31.

[43] 聂晨.课程思政理念融入高校英语教学实践探析[J].中学政治教学参考,2024(09):91.

[44] 谭波,周健美."课程思政"视域下的大学英语阅读教学探究[J].经济师,2024(03):215-216.

[45] 王莹.线上线下混合式的大学英语教学中"课程思政"实践研究[J].佳木斯职业学院学报,2024,40(02):162-164.

[46] 程东岳.课程思政融入高职大学英语"三教"改革的探索与实践——以武汉交通职业学院航运专业群为例[J].湖南工业职业技术学院学报,2024,24(01):122-126.

[47] 杨运,王健芳.混合式教学模式下大学英语课程思政设计研究[J].西部学刊,2024(04):89-94.

[48] 谢德静.基于OBE理念的应用型高校英语专业课程思政教学模式构建[J].金融理论与教学,2024,42(01):114-118.

[49] 王晓芬.课程思政视域下大学英语教学改革探究[J].中学政治教学参考,2024(08):106-107.

[50] 闫影.课程思政贯穿高职大学英语教学全过程策略研究[J].海外英语,2024(04):235-237.

[51] 赵丹丹.课程思政视角下应用型本科院校大学英语思政元素融入的探索[J].海外英语,2024(04):154-156.

[52] 徐可意.课程思政视域下高职英语教学改革思考[J].海外英语,2024(04):232-234.

[53] 卢佳唯,张玉婷.大学英语课程思政教学中的问题与对策探索[J].海外英语,2024(04):131-133.

[54] 王丽丽,李宁,张晓慧.新工科背景下大学英语课程思政教学模式研究[J].教书育人(高教论坛),2024(06):106-109.

[55] 陈瑞平.课程思政视域下的大学英语教学内容分析[J].现代职业教育,2024(06):33-36.

[56] 余有群.新文科背景下中国文化融入大学英语课程思政探究[J].中学政治教学参考,2024(07):103.

[57] 袁石瑛.新时代背景下大学英语课程思政策略的实践研究[J].吉林省教育学院学报,2024,40(02):108-112.

[58] 雏妮.新文科建设背景下高职英语课程思政建设[J].中学政治教学参考,2024(06):88.

[59] 刘丹,朱虹博.基于文学翻译素养的大学英语课程思政教学研究[J].淮南职业技术学院学报,2024,24(01):79-81.

[60] 杨睿.课程思政视域下社会主义核心价值观融入大学英语课程设计例析[J].海外英语,2024(03):144-147.

[61] 刘宁.基于POA的综合商务英语课程思政教学设计与实践[J].英语广场,2024(05):68-72.

[62] 张文珍. "三教"改革视域下高职公共英语课程思政提升路径研究[J]. 湖北开放职业学院学报, 2024, 37（03）: 126-128.

[63] 李依露. 高职英语课程思政教学路径探究[J]. 成才之路, 2024（05）: 137-140.

[64] 田云. 混合式教学模式下高级英语课程思政教学探究[J]. 英语广场, 2024（04）: 83-86.

[65] 陈亮. "三全育人"理念下的课程思政——以"实用综合英语"课程为案例[J]. 红河学院学报, 2024, 22（01）: 61-64.

[66] 李晓旭. "三全育人"背景下课程思政在高职英语教学中的融入策略[J]. 佳木斯职业学院学报, 2024, 40（01）: 136-138.

[67] 孙小杰. 课程思政融入大学英语教学设计与课堂实践[J]. 海外英语, 2024（02）: 141-143+146.

[68] 卜超群. 英语口译教学中课程思政理念与实施路径探讨[J]. 海外英语, 2024（02）: 144-146.

[69] 徐华莉, 杜千梦. 情感学习理论视域下大学英语阅读课程思政教学设计[J]. 海外英语, 2024（02）: 150-153.

[70] 潘君兰. 基于产出导向法的高职英语课程思政融入路径研究[J]. 海外英语, 2024（02）: 220-222.

[71] 曹韵. 大学英语"课程思政"的教学启示[J]. 教书育人（高教论坛）, 2024（03）: 86-89.

[72] 李苏明. 高校医学英语课程中的思政建设研究[J]. 才智, 2024（03）: 49-52.

[73] 王金凤. 高职英语融入课程思政元素的策略探析[J]. 才智, 2024（03）: 69-72.

[74] 熊壨, 孙小军. "互联网+"背景下大学英语课程思政实践路径[J]. 湖北经济学院学报（人文社会科学版）, 2024, 21（01）: 154-156.

[75] 施美蕊. 高职大学英语课程思政建设的路径探究[J]. 湖北开放职业学院学报, 2024, 37（01）: 100-102.

[76] 谭苏燕, 顾亚娟. "产出导向法"在大学英语课程思政教学中的应用研究[J]. 佛山科学技术学院学报（社会科学版）, 2024, 42（01）: 99-104.

[77] 马贺丹. 混合式教学模式下大学英语课程思政教学评价研究[J]. 海外英语, 2024（01）: 136-138.

[78] 张荷. 课程思政融入高职院校大学英语教学的实践路径探析[J]. 海外英语, 2024（01）: 209-211.

[79] 万晶, 刘伟强. 中国传统哲学融入高职英语课程思政的策略研究[J]. 海外英语, 2024（01）: 216-218.

[80] 王超. 基于学生特征的高职公共英语课程思政实施策略探析[J]. 海外英语, 2024（01）: 219-221.

[81] 张丽琼. 课程思政在高职英语课程教学中的实践探究[J]. 海外英语, 2024（01）: 232-234.

[82] 章丽芬. 艺术学类专业大学英语课程思政教学路径探索与实践[J]. 林区教学, 2024（01）: 24-28.

[83] 詹雨筱. 大学英语教学中课程思政元素的探索[J]. 英语教师, 2024, 24（01）: 14-16+25.

[84] 刘家华, 徐正东. 高职公共英语课程思政教学素材开发与教学实践研究[J]. 佳木斯职业学院学报, 2023, 39（12）: 199-201.

[85] 吴晓丹. 英语专业综合英语课程教学中的思政教育[J]. 学园, 2024, 17（03）: 16-18.

[86] 杜艳红. 课程思政视域下商务英语课程教学中跨文化交际能力培养探究[J]. 对外经贸, 2023（12）: 141-143.

[87] 王芳. 基于慕课平台资源的大学英语课程思政教学的探索与思考[J]. 湖北开放职业学院学报, 2023, 36（24）: 89-90+96.

[88] 朱虹博, 刘丹. 英语笔译课程思政混合式教学实施路径探究[J]. 湖北开放职业学院学报, 2023, 36（24）: 94-96.

[89] 杜雪丽. 新课标高职英语课程思政教学研究[J]. 陕西教育（高教）, 2024（01）: 24-26.

[90] 钱涌宁. 跨文化交际导向下的高校英语课程思政教学改革[J]. 陕西教育（高教）, 2024（01）: 70-72.

[91] 赵传银. 立德树人视角下的大学英语课程思政实施路径探索[J]. 湖北开放职业学院学报, 2023, 36（24）: 85-88.

[92] 宋仁福. 人工智能时代大学英语课程思政教育机遇、挑战和对策[J]. 湖北开放职业学院学报, 2023, 36（24）: 151-153.

[93] 王爽, 周海林. 校企合作背景下大学英语课程思政探索[J]. 辽宁开放大学学报, 2023（04）: 43-46.

[94] 韩丽军, 常智伟, 杨冬梅. "文化自信"视域下大学英语课程思

政教学改革与实践研究[J].北华航天工业学院学报,2023,33（06）:52-55.

[95]贾连庆.大学英语课程思政建设的缘由、理念及路径探析[J].黑龙江工业学院学报(综合版),2023,23（12）:49-54.

[96]韦静.新时代背景下提升职业院校英语教学质量的措施[J].校园英语,2023（38）:166-168.

[97]于菁.文化自信视阈下艺体类大学英语课程思政建设路径[J].品位·经典,2023（14）:148-151.

[98]白雁."讲好中国故事"视角下的大学英语课程思政实施策略探析[J].海外英语,2023（12）:132-134.

[99]陈潇.课程思政背景下大学英语专业课程的实施路径[J].英语教师,2023,23（12）:40-43.

[100]陈晴晴.大思政格局下高校英语课程思政创新模式——评《大学英语课程思政教学实践与反思研究》[J].中国高校科技,2023（04）:106-107.

[101]孙会玉,潘菲菲.高职英语混合式教学模式下课程思政改革的探索与实践[J].产业与科技论坛,2023,22（05）:189-190.

[102]赵娟,赵楠楠."大学英语"课程思政教学评价体系的构建研究[J].教育教学论坛,2023（06）:58-61.

[103]李珈彤,杜艳娇.课程思政视域下高校英语课程的教学开展研究[J].哈尔滨职业技术学院学报,2023（01）:162-164.

[104]王晓霞.课程思政背景下的高职英语教学改革[J].作家天地,2022（27）:47-49.

[105]尹梅.课程思政元素融入高职英语课堂教学的探讨[J].产业与科技论坛,2021,20（22）:186-187.

[106]李嫱.大学英语教学中的课程思政元素探析——评《思政教育与高教发展》[J].热带作物学报,2021,42（09）:2766.

[107]李继,高越.课程思政背景下大学英语教学质量的提升研究[J].财富时代,2021（04）:166-167.

[108]程静.英语线上教学融入课程思政的评价体系研究[J].海外英语,2021（03）:27-28.

[109]曹睿.大学英语"课程思政"的实施途径探究[J].佳木斯职业学院学报,2020,36（11）:119-120+123.

[110] 闫子真.课程思政在大学英语教学中的实践路径研究 [J].陕西教育(高教),2020(10):17-18.

[111] 余兰.英语教学质量的实践反思与改进维度 [J].中国教育学刊,2019(S1):89-90+105.

[112] 崔燕.课程思政理念下大学英语教学质量评价指标体系研究 [J].中国多媒体与网络教学学报(上旬刊),2021(10):116-118.

[113] 姜凌琳,曹剑.基于"以学生为中心"理念的高校英语教学质量保障体系构建研究 [J].科技资讯,2019,17(09):119-121.

[114] 甘梦珂.课程思政视角下大学英语课程培养学生跨文化能力的路径与实践 [J].校园英语,2023(50):3-7.

[115] 皮连生.教育心理学 [M].上海:上海教育出版社,2004.